KB211780

따라 하면 돈 버는

주식 투자
비법

따라 하면 돈 버는 주식 투자 비법

초 판 1쇄 2020년 08월 25일

지은이 선우
펴낸이 류종렬

펴낸곳 미다스북스
총괄실장 명상완
책임편집 이다경
책임진행 박새연, 김가영, 신은서, 임종익
책임교정 최은혜, 정은희, 강윤희, 정필례

등록 2001년 3월 21일 제2001-000040호
주소 서울시 마포구 양화로 133 서교타워 711호
전화 02) 322-7802~3
팩스 02) 6007-1845
블로그 http://blog.naver.com/midasbooks
전자주소 midasbooks@hanmail.net
페이스북 https://www.facebook.com/midasbooks425

© 선우, 미다스북스 2020, *Printed in Korea.*

ISBN 978-89-6637-834-0 03320

값 15,000원

따라 하면 돈 버는 주식 투자 비법

4차 산업혁명 창업 시대, 당신도 부자될 수 있다!

———————— 선우 지음

미다스북스

당신이 먼저 금융 문맹에서 벗어나라!

이 책은 주식 투자 중에서도 가장 어렵다는 기업의 지분 투자에 대한 전반적인 내용을 다루었다. 아무것도 모르고 투자 시장에 들어가 온몸으로 겪고 치열하게 고민하며, 살아남으려 애쓰며 배운 실패와 성공담, 좌충우돌 체험담, 그리고 많은 사람들을 상담하는 과정에서 느낀 점을 사례 중심으로 담았다.

이 책을 통해 미래를 위해 재테크로 투자 활동을 하고 싶으나 뭐가 뭔지 잘 몰라 망설이는 모든 분들에게 조금이나마 도움이 되기를 간절히 바란다. 또한, 잘못된 투자 정보로 인해 전 재산을 저당 잡혀 고통당하고 있는 수많은 사람들에게 도움이 되었으면 하는 마음을 담았다.

더 나아가 부모인 여러분들이 먼저 금융 문맹에서 벗어나기를 바라는 마음도 담았다. 내가 그랬듯 그동안의 가난을 끊고 더 나은 삶으로 나아가는 데 조금이나마 도움이 되길 바란다. 또한 내 자녀들에게 유태인 부모들처럼 금융을 가르쳐 부의 길로 한 발짝 내딛기를 바라는 마음까지도 담았다.

이 책을 쓰면서 아래와 같은 것들을 염두에 두고, 소망했다.

1. 투자에 대한, 부자에 대한 기본적인 생각이 정립될 수 있도록 해보았다.
2. 쉽게 읽고 이해할 수 있도록 전문 용어 사용을 지양했다.
3. 나의 경험담 위주의 사례를 담아 실질적으로 도움이 되도록 했다.
4. 이렇게까지 알려줘도 되나 싶게 최대한 많은 내용을 실었다.
5. 내용에 있어서 완전한 독창이 어려워 다른 분들의 글들을 참고했다.

학창 시절 문학소녀도 아니었던 내가, 연애편지도 한 장 이상 써본 적 없는 내가 책을 쓰고 낸다고 생각하니 대견하면서도 부끄럽다. 전문 작가가 아니기에 다소 아쉬운 부분이 있더라도, 여러분들이 이해해주시기를 바란다.

잘 모른다고 외면하기에는 투자 시장이 바다보다 넓고 무한한 우주와도 같다. 아는 만큼 보이고 보이는 만큼 번다고 했던가? 이 책을 통해 투자 활동을 해야겠다는 마음이 꿈틀거리기를 바란다. 내 아이를 흙수저가 아닌 금수저로 바꿔줄 수 있는 기회가 될 수도 있을 것이다.

세상은 절대 우리 편이 아니고, 앞으로도 절대 우리 편이 되지 않는다. 수없이 세상을 한탄하고 원망할 시간에 금융 문맹에서 벗어나보자. 더 이상 내 아이에게 가난을 물려주는 부모가 되지 말자. 더 이상 돈 때문에 죽어가는 사람이 없기를 간절히 바란다.

마지막으로 이 책이 나오기까지 이름도 없이 빛도 없이 애써주신 모든 분들께 마음속 깊은 감사의 마음을 보낸다.

무지한 장마가 끝날 무렵, 선우

CONTENTS

Chapter 1

부자 되기, 월급만으로는 어림없다

The Secrets of Investment

부자 되기,
월급만으로는 어림없다

여러분의 월급통장은 안녕하십니까?

직장을 다니던 시절, 나는 정말 돈을 많이 벌고 싶었다. 그러나 회사는 나에게 월급 이외의 돈은 절대 주지 않았다. 나에게 월급은 스쳐지나가는 바람 같은 것이었다. 월급이 들어오면 구경도 못 해보고 카드값, 공과금, 대출금 이자, 보험료 등으로 다 빠져나갔다. 그래서였을까? 나는 스쳐지나가는 돈을 붙들어놓고 내 것으로 만들고 싶다는 욕망이 생겼다. 나의 월급통장은 절대 안녕하지 않았다. 특히, 카드값…, 나에게 카드값은 늪 같았다. 아무리 빠져나오려 해도 빠져나올 수 없는, 아니 오히려 더 빠져드는 악순환의 연속이었다. 그럼에도 뾰족한 방법이 없어 그저 더 열심히 일하면 언젠가는 나도 부자가 되겠지 막연하게만 생각하던 시절이었다.

공무원인 남편과 함께 아무리 열심히 일해서 월급을 받아도 항상, 늘 부족하기만 했다. 아무리 아끼고 아껴도 쳇바퀴 도는 일상을 벗어날 수 없었다. 어쩔 때는 통장에 100만 원도 없을 때도 있었다. 속 모르는 사람들은 남편이 공무원이니 정말 안정적이고 좋겠다고 했다. 아마 공무원을 남편으로 둔 아내들에게 그런 말을 하면 몰매 맞으니 조심하라. 굶어 죽지 않고 그냥 밥만 딱 먹을 수 있는 수준의 월급만 준다. 또, 공무원이라는 이유로 국가에서 주는 다양한 혜택에서 항상 제외되었다. 맞벌이를 하지 않으면 절대 안 되는 이유다. 날마다 살얼음판 위에서 사는 위태로운 삶이었다. 누가 아프기라도 하면 어떡하나? 지금 생각해보면 어떻게 그렇게 살았는지…. 다시 돌아가라면 나의 대답은 "절대 아니요."다.

돈을 벌고 싶은 욕망이 쉽사리 가라앉지 않았다. 어떻게 하면 돈을 더 많이 더 빨리 벌 수 있을까? 정말 미친 듯이 고민하던 시간이었다. 그러나 많은 돈을 벌어본 적이 한 번도 없었기 때문에 돈 버는 방법을 쉽게 찾을 수 없었다. 나는 정말 내 통장이 안녕하기를 바랐다. 그러나 그렇게 쉽게 되는 게 아니었다.

큰아이가 초6, 중1 때쯤이었던 것 같다. 그때 한참 아베크롬비 티와 험멜 바지가 유행했었다. 큰아이 역시 사춘기 소녀이다 보니 당연히 입고 싶었을 것이다. 어느 날, 아베크롬비 티와 험멜 바지를 사달라고 했다.

따라 하면 돈 버는 주식 투자 비법

물론 공짜는 아니었다. 큰아이는 항상 나에게 공약을 건다. 예를 들면, 중간고사에 올백 나오면 뭐 해달라는 식이다. 그렇게 해서 휴대폰도 갖게 되었다. 이번에도 시험 올백 맞으면 사주는 조건이었다. 나는 '티하고 바지가 비싸 봐야 얼마나 비싸겠어?' 하며 아무렇지도 않게 사주겠다고 했다. 큰아이는 약속대로 올백을 맞았다. 그렇게 해서 며칠 후 매장을 가게 되었다.

먼저 아베크롬비 매장을 들어갔다. 지금도 잊히지 않는 그때의 기억. 예쁜 파란 색 반팔 티가 눈에 띄어 얼른 가격표를 보았다. 나는 내 눈을 의심했다. 5만 원이라는 숫자를 본 순간 너무 당황했다. 여름 반팔 티가 5만 원? 나는 그때까지만 해도 크는 아이들이니 비싼 옷보다는 예쁘고 싼 옷 여러 벌 사서 입히자 주의였다. 그래서 여름 반팔 티 하나에 5만 원은 나를 설득할 수 있는 금액이 아니었다. 순간, '여기서 당연히 할인이 되겠지?' 하며 가격이 얼마인지 물어보았다. 그냥 5만 원이라고 했다. 할인은 안 되냐고 물어보았다. 수입의류라 안 된다고 했다. '허걱!' 큰딸 손을 붙들고 나와, 너 지금 미쳤냐고 5만 원이면 만 원짜리 티가 5개라고 매장 앞에서 난리를 쳤다. 차라리 만 원짜리 3개 사주겠다고 설득했다. 하지만 딸아이는 너무 갖고 싶어 스스로 내건 공약이었기에 쉽게 포기하지 않았다. 결국은 그렇게 10여 분의 실랑이 끝에 사주기는 했다. 이왕 사주는 거 기분 좋게 사줄 걸 그랬다.

그렇게 아베크롬비 티 사건이 끝나는 듯했다. 다음 매장인 험멜 바지를 사러 갔다. 솔직히 나는 험멜이 트레이닝, 일명 '추리닝' 브랜드일 줄은 꿈에도 몰랐다. 아베크롬비와 비슷한 느낌의 브랜드라고 생각했다. 험멜 매장을 들어갔다. 장에 가면 오천 원이면 살 수 있을 것 같은 추리닝 바지가 수십 개 걸려 있었다. 딸에게 그중에서 맘에 드는 것으로 고르라고 했다. 그리고 가격을 물어보았다. 추리닝 바지 하나에 오만 원이라고 한다. 아니 장에 가면 오천 원이면 살 것을 무슨 오만 원씩이냐 하냐고, 깎아줄 수는 없냐고 했다. 주인은 브랜드는 정식 할인 기간 아니면 깎아줄 수 없다고 했다. 정말 그때는 이해할 수 없는 상황이었다. 하지만 딸하고 약속한 것이라 사주기는 했다. 집에 돌아오는 내내 무슨 추리닝 바지가 오만 원이나 하냐고 얼마나 뭐라고 했는지…. 나중에 미안하다고 사과하긴 했지만, 지금까지 미안함으로 남아 있는 사건이다. 나는 언제쯤에나 가격표를 안 보고 아이들에게 신발이나 옷을 사줄 수 있을까? 내 살아생전에 그럴 일이 있기나 할까? 그럼에도 불구하고 나는 정말 돈 많은 부자, 갑부가 되고 싶었다. 나는 나의 통장이 영원히 안녕하기를 바랐다.

이때부터였던 것 같다. 비싼 건 아니더라도 최소한 아이들이 원하는 것이라도 해주는 엄마가 되고 싶었던 것도, 미치도록 돈을 벌고 싶다고 생각을 한 것도. 그러나 돈이 없으니 더 들어갈 일만 생겼다. 밤이면 돈 걱정에 잠을 이루지 못한 적도 있었다.

　도대체 부자들은 어떻게 해서 돈을 벌까? TV에서 강남 부자들 이야기가 나오는 장면을 보고 있노라면 다른 세상 사람들 같았다. 그런데 그들을 가만히 관찰해보니, 하나같이 다 사업을 하고 있었다. 월급쟁이 부자는 없었다. 그들은 누군가에 종속되어서 월급을 받는 게 아니라, 시스템을 만들어 놓고 사람들을 고용해 일한 만큼만 월급을 주며 돈이 들어오게 하는 파이프라인을 만들어놓은 사람들이었다.

　그렇다면 나도 사업을 해봐야 하지 않을까? 그럼 무슨 사업을 해야 할까? 나는 월급 받는 사람이 아니라 나를 위해 일할 사람을 고용해 월급주는 사람이 되고 싶었다. 어떻게 하면 될까? 어떻게 하면 나를 위해 일할 사람과 시스템을 만들 수 있을까? 끊임없이 고민하고 생각했다. 정말많은 비즈니스 모델들이 생각났다. 그러나 많은 돈이 필요했다. 무슨 일을 하든 내가 월급 받는 사람이 아니면 돈이 필요했다. 그렇게 고민과 좌절 속에 속절없이 무너지던 시간들이었다.

　그렇게 또 한 달이면 들어오는 월급으로 한 달 한 달 버티며 살던 생활에 길들여지고 있었다. '그래, 돈이 돈을 버는 거야. 나는 돈이 없으니 돈벌기는 틀린 건가?' 좌절했다가, '아니야. 분명히 돈을 벌 수 있는 길이있을 거야.' 그런 희망을 생각하기도 하면서 절망과 희망을 전전하던 그런 시절이었다.

한정된 수입에서 나를 위해 쓸 수 있는 돈 또한 한정되어 있었다. 그러다 보니 다른 건 할 수 없으니 자기계발 책을 사서 보며 스스로 위안을 삼았다.

나는 그렇게 내 통장이 안녕하기를 바라며 내가 할 수 있는 범위 내에서 끊임없이 찾았다. 그렇게 기회는 나에게 왔다.

02

월급쟁이에게 최고의 재테크는 주식 투자다

위기는 위대한 기회라고 했던가? 나는 한정된 수입 속에서 아끼고 아끼며 살아가는 삶이 숨이 막혔다. 우연한 기회에 유아 브랜드 매장을 운영하게 되었다. 차라리 월급쟁이가 더 나았다. 정말 창살 없는 감옥살이였다. 주말에도 쉴 수 없고 저녁 9시까지 매장을 지켜야 했다. 내가 원하던 삶은 이게 아니었는데, 더 열악한 상황이 되어버린 것이다. 나는 나를 위해 일해줄 사람과 돈이 필요했는데, 결국은 또 다른 모습의 대기업의 노예가 되어버린 것이다. 하지만 위기는 기회라고 했던가. 난 여기에서 멋진 기회를 만났다.

다른 지역 점주와 우연찮게 전화 통화를 하게 되었다. 통화를 하다 보니 공감대가 많았다. 나이도 같았고, 같은 유아 브랜드 매장을 하고 있고, 또 크리스천이었다. 손님이 없으면 하루 종일 전화로 다양한 이야기를 나누며 서로 친분을 쌓아갔다.

그런데 통화를 하다 보니 서로 다른 점이 딱 하나 있었다. 바로 자산의 차이였다. 이 친구에게는 벌써 5~6억 대 이상의 자산이 있었던 것이다. 나는 1억도 없던 시절인지라 그 친구가 너무너무 부러웠다. 기회가 있어서 어떻게 젊은 나이에 그렇게 큰돈을 벌었는지 물어보았다.

역시나 투자였다. 몇 년 전 사놓았던 아파트가 4~5배 올라 시세 차익을 보고 팔았다고 했다. 또 하나는 주식 투자라고 했다. 나는 어차피 돈이 없으니 아파트 투자는 힘들 것 같았다. 그래서 주식 투자를 어떻게 하면 되는지 물어보았다. 워낙에 친절한 친구인지라 계좌를 개설하는 것부터 언제 매수하고 매도해야 하는지, 어떤 종목을 사야 하는지, 어떻게 수익을 내야 하는지까지 정말 상세하고 자세하게 알려줬다.

그렇게 나의 투자 인생이 시작되었다. 그러나 투자할 돈이 많이 없으니 수익이 나도 너무 작게 나는 것이었다. 그렇다고 빚을 내서 할 수도 없고….

그런데 이 친구가 돈 버는 방법이라고 알려준 게 하나 더 있었다. 그때만 해도 오프라인 매장이 지금보다는 훨씬 활성화돼 있던 시절이었다. 친구는 그 점에 주목하면서 유아복 매장을 몇 개 더 내라는 이야기를 해주었다. 그 친구도 유아복 매장과 아동복 매장 2개를 운영하고 있었다. 많게는 10개까지도 운영하고 있는 점주도 있다고 했다. 그 점주들은 직원들에게 매장을 맡기고, 들로 산으로 해외로 골프를 치러 다닌다고 했다.

나는 솔직히 그들이 너무 부러웠다. 나는 매장을 운영하느라 창살 없는 감옥살이를 하고 있는데…. 그러나 문제는 항상 돈이었다. 매장을 하나 내는 데 그때 당시 돈으로 약 7천만~1억 원 정도가 들었다. 그런데 나는 돈이 없었다. 그림의 떡이었다.

이런 이야기를 듣고 나니 나를 위해 일해줄 사람과 시스템을 만들고 싶다고 더 강력하게 생각하게 되었다. 나는 다양한 아이템의 비즈니스 모델을 구상하곤 했다. 그러나 항상 돈이 나의 목표와 꿈을 산산조각냈다. 어떻게 하면 큰돈이 없어도 내가 생각하고 상상하는 비즈니스 모델을 현실화시킬 수 있을까? 내 머릿속에서만 놀고 있는 이 다양한 아이디어를 믿고 나에게 누군가 투자해주면 얼마나 좋을까? 그러나 결국은 그 누군가는 나타나지 않았다. 그래서 나는 더 많이 일하면 된다고 생각하고 종잣돈을 만들기 위해 더 열심히 일했다.

그렇게 몇 년이 흘러 매장 계약 기간도 회사와의 계약 기간도 끝났다. 그러나 이건 아닌 것 같아 매장을 다 정리했다. 그렇다고 놀 수는 없으니 또 이런저런 다양한 일들을 하며 세월을 보냈다. 그동안에도 소액이지만 틈틈이 장내 주식 투자는 하고 있었다.

장내 주식은 끊임없이 호가 창을 봐야 하고 차트도 봐야 하고…. 직장 다니며, 자영업을 하며 투자하기는 쉽지 않다. 매도 타이밍을 놓치면 많이 기다려야 하는 상황도 만들어진다. 원치 않는 장기 투자를 하게 되는 것이다. 또한, 세력과 공매도 등 개인이 그들을 이기기는 쉽지 않다. 그래서 장내 주식으로 돈 버는 개인은 약 2%에 불과하다. 나머지 98%는 세력의 먹잇감이 된다.

이것 또한 내가 원하는 시스템은 아니었다. 세력과의 한판 승부를 하기에는 너무 많은 에너지를 소비해야만 했다. 시장에서 가장 강력한 무기가 자금인데, 개인은 세력을 이길 자금이 없다. 처음부터 게임 상대가 아닌 것이다. 전쟁터에서 싸우는데, 세력은 탱크를 들이대는데 개인은 낫으로 싸우는 형국이랄까? 아무튼 개인이 장내 주식에서 작은 돈은 벌수 있어도, 큰돈을 벌기는 정말 하늘의 별 따기였다.

그러던 어느 날 문득 상장하기 전에 주식을 사놓고 상장하면 팔아 수익률을 더 높일 수 있겠다는 생각이 들었다. 그리고 날마다 호가 창 보며, 차트 보며 사고팔고 하지 않아도 되고, '사놓고 기다리면 되지 않을까.'라는 생각이 들었다. 어쩌면 월급쟁이들이, 또 자영업자들이 정말 편하게 돈을 벌 수 있을 거란 생각이 들었다. 그러나 방법을 몰랐다. 그래서 답답하기만 했다. 나는 일하는 틈틈이 이곳저곳 드나들며 정보를 수집하기 시작했다.

그 당시 나는 인터넷을 통해 정보를 수집하고 있었다. 그런데 한 카페에서 아직 상장하지 않은 주식을 팔고 있는 것이 아닌가. 눈이 번쩍 뜨였다. 나는 제대로 알아보지도 않고 그것을 덥석 샀다. 그리고 그걸로 끝! 카페가 폐쇄되고 나에게 주식을 팔았던 사람은 연락이 두절되고 말았다. 돈이 없어서 많이 매수하진 않았지만 나에겐 피 같은 돈이었다. 탐심과 탐욕에 눈이 멀어 투자가 아닌 투기하는 마음으로 돈을 벌려다 보니 돈이 나를 배신한 것이다. 나는 눈물을 삼키며 또 열심히 일에 매달렸다. '세상에 공짜는 없다.'는 말을 곱씹으며.

그러나 여기서 포기할 내가 아니었다. 제대로만 알면 뭔가 돈이 될 것이라는 엄청난 촉이 왔다. 그리고 공부를 해보니, 장내 시장보다 돈도 훨씬 많은 시장이었다. 장내 시장에서 1년에 유통되는 돈이 약 1,500조라고 한다. 그러나 이 장외(지분 투자 포함) 시장은 그보다 4배나 더 큰 약 6,000조 시장이었다. 옛말에 돈을 벌려면 놀아도 돈이 많이 있는 곳에서 놀라고 했다. 그래! 돈 많은 곳에서 놀며 돈 공부 제대로 한번 해보자.

투잡을 한다 생각하고 공부하다 보니 뭔가 보이기 시작했다. 그러던 중 기업에 지분 투자를 하게 되었다. 아무리 스타트업이라도 개인의 소액은 투자할 수가 없다. 그래서 주변에 직장인, 자영업자 등 몇몇이서 자금을 모아 투자를 하게 되었다. 사실 두 번의 실패가 있었기 때문에 신중에 신중을 기했다. 대표이사를 만나고 뭔가 확신이 생겨 M회사에 투자를 했다. 그리고 M회사의 대표이사로부터 끊임없이 피드백을 받을 수 있었다. 그로부터 약 2년 후 약 300%의 수익을 보고 엑시트(매도)를 할 수 있었다.

아…! 이게 정말 공부한 대로 괜찮은 투자구나. 장내 주식처럼 매일 호가 창이나 차트를 보지 않아도 더 안정적으로 수익을 낼 수 있다는 걸 조금은 깨달을 수 있었다. 그때 당시에는 나 역시 다른 일을 하며 투자를 진행했다. 우리처럼 큰돈 없는 월급쟁이나 자영업자에게는 정말 안성맞춤 투자라는 생각이 들었다. '그렇다면 좀 더 깊이 공부하면 더 많은 수익도 낼 수 있겠다.'란 생각이 들었다. 그래서 나는 과감하게 하던 일을 정리하고 제대로 공부를 하기 시작했다.

03

주식 투자는 내 삶을 완전히 바꼈다

"하늘은 스스로 돕는 자를 돕는다."

"뜻이 있는 곳에 길이 있다."

내가 굉장히 좋아하는 말이다. 간절히 원하면 이루어진다는 의미이기 때문이다.

나는 정말 주식시장에서 성공하고 싶었다. 지금은 물론 전문 투자자로 활동하고 있지만 그때만 해도 뭐가 뭔지 잘 모를 때라 너무 막연하기만 했다. 그러나 이 지분 투자가 직장생활을 하며, 자영업을 하면서도 얼마든지 할 수 있는 아주 매력적인 투자라는 것을 잠깐의 경험을 통해 어렴풋이나마 알게 되었다.

나는 이 금융시장, 자본시장, 투자 시장에서 성공하고 싶다고 간절히 원하고 또 원했다. 하늘이 감동했을까? 정말 은인 같은 분을 운명처럼 만나게 된다. 그중 최고봉이신 한 분을 금융시장의, 자본시장의, 투자 시장의 나의 스승님으로 모시고 세상의 돈의 흐름을 꿰뚫어보는 안목을 배워나갔다. 스승님은 금융의 상위 클래스에 계신 분이면서 자산가이기도 하셨다. 그래서인지 생각하는 것이나 말씀하시는 것이 보통 사람과는 많이 다르다. 그런 스승님을 통해 상위 1%의 삶을 간접 경험하기도 했다. 상위 1%의 삶은 우리가 생각하는 것, 상상하는 것 이상의 멋진 삶이었다. 나도 스승님을 따라 그렇게 살고 싶다는 무한 욕망을 갖게 되었다.

스승님은 누구에게나 기회가 있지만, 아무나 할 수 없는 다양한 돈 버는 방법들을 나에게 전수해주셨다. 원금을 잃지 않고 투자하는 방법 또한 알려주셨다. 아는 만큼 보인다고 했던가?

어느 날 보니 나는 정말 많이 성장해 있었고, 세상을 보는 눈이 달라져 있었다. 세상 모든 게 내 눈에는 다 돈으로 보이는 것이었다.

"아~~, 이래서 부자들은 돈 버는 게 가장 쉽다고 하는 것이구나~!"

또한 돈이 돈을 번다는, 즉 돈이 돈을 끌어온다는 그 법칙을 현실에서 경험하게 되었다.

나는 V라는 종목(회사)에 지분 투자를 하게 되었다. 몇 명의 투자자와 함께. 우리는 각자의 형편과 처지에 맞게 투자금을 정해 투자했다. 2019년 11월경 아직 상장도 하지 않았지만 이 종목(회사)이 약 700%의 수익률을 달성해줬다. 투자할 때는 1,000만 원, 3,000만 원, 5,000만 원, 1억 원이었던 돈이 약 700%의 수익이 나자 약 7,000만 원, 약 2억 1,000만 원, 약 3억 5,000만 원, 약 7억 원이 되는 것을 직접 경험하게 되었다. 그러고 나니 돈이 어떻게 일하는지를 더 정확하게 알게 되었다. 돈이 돈을 버는 구조를 제대로 배운 것이다. 내가 노동하지 않았음에도 내 자본이, 내 돈이 열심히 일을 한 것이다. 그것을 보니 종목(회사)만 제대로 딜소싱(종목 발굴)해서 투자한다면 남을 속이지 않고도 멋지게 돈을 벌 수 있겠다고 뼛속 깊이 느끼게 되었다.

이렇듯 여러 종목(회사)에 지분 투자하면서 돈을 잃어보기도 하고 수익을 내보기도 하는 다양한 경험을 하게 되었다. 더불어 제대로 된 종목(회사)에 가치투자를 할 수 있는 안목이 생겨났다.

다시 태어난 기분이었다. 나름 엄청난 대가를 치르고 나니 아는 만큼 벌리기 시작했다. 지분 투자를 제대로만 하면 돈을 많이 벌 수 있다. 그러나 돈만 버는 것이 아니었다. 더불어 정말 멋진 명분도 얻었다.

지분 투자는 모두가 돈을 벌 수 있는 구조다. 지분 투자는 스타트업 기업에 기관 투자가 들어오기 전이나 기관이 투자할 때 같이 투자하는 방법이다. 투자 단계별로 투자 밸류가 다 다르기 때문에 정말 될성부른 종목(회사)에 빠른 단계에 투자하면 V종목(회사)과 같이 돈을 벌 수 있다. 나만 벌어도 정말 대박이지만, 이 지분 투자는 회사도 벌고 나도 벌고 나와 함께 투자한 투자자들도 벌게 된다. 누이 좋고 매부 좋고, 도랑 치고 가재 잡는 일석이조, 삼조의 투자인 것이다.

스타트업 기업을 위해 국가도 못 하는 일을 우리 같은 지분 투자자가 한다. 어떤 회사든지 회사는 돈이 있어야 운영된다. R&D 자금, 회사 운영비, 경비 등등 아무리 기술이 좋아도 돈이 있어야 하기 때문이다.

회사는 성장하면서 성장 단계별로 많든 적든 자금이 필요하다. 매출이 나오고 있는 회사라도 회사가 어느 정도 안정기에 접어들기 전에는 회사가 커지면 커진 만큼 자금이 필요하다. 그러나 기관 투자를 받으려면 심사 기간이 최소 3개월에서 6개월 이상이 걸린다. 그러다 보니 정작 필요한 자금이 없어서 그사이에 도산하는 회사가 너무 많다. 그러나 나와 같은 개인 투자자들은 심사 기간이 짧기 때문에 회사가 필요로 할 때 바로 자금을 보낼 수 있다. 그런 만큼 회사가 성장하는 데 중요한 발판 역할을 해줄 수 있는 것이다.

이 과정에서 밸류 딜도 가능하다. 회사가 제시한 밸류보다 낮은 밸류에 투자가 가능한 것이다. 즉, 그만큼 수익률이 높아진다. 다시 말해 회사는 필요한 자금을 적정한 때 투자받아서 좋고, 나는 물론 나와 같이 투자한 투자자들은 수익률이 올라가서 좋다. 모두가 돈을 벌 수 있는 구조인 것이다. 그런 만큼 지분 투자는 멋진 명분과 더불어 모두가 돈을 벌 수 있는 구조다.

지분 투자도 결국 주식 투자의 한 분야다. 사람들은 벌써 "에이 주식 투자가 다 똑같지, 지분 투자라고 뭐가 다르겠어?"라고 이야기한다. 그러나 그런 사람들은 하나는 알고 둘은 모른다. 현재 전 세계 부호들은 다 지분(주식) 부자들이다. 다들 알다시피 전 세계 부호 1위부터 10위까지만 보더라도 다 지분(주식)으로 부자가 된 사람들이다. 그 기업들도 결국은 스타트업부터 시작해서, 상장하기 전까지는 다 비상장기업이었다. 또 하나, 그중에 투자자로서 상장 전에 이런 기업에 투자해 10년, 20년이 지난 후 부자가 된 사람도 있다. 대표적인 사람이 우리가 다 아는 워런 버핏이다.

우리나라도 마찬가지다. 우리나라 시총 1위인 삼성전자도 시작이 있었으며, 수년 동안의 비상장 주식이었을 때가 있었다. 그런 과정 속에서 우리나라 최고의 기업이 된 것이다. 절대 처음부터 상장된 기업은 없다. 흥망성쇠를 잘 겪어낸 기업들의 결과물이다. 그 과정 속에 우리 같은 투자자에게 기회가 있는 것이다. '그렇다면 나도 삼성전자 같은 회사를 만들어야 하나? 그리고 그 회사를 삼성전자처럼 키워 그 수익을 나눠야 하나?'라고 생각할 수도 있다.

하지만 지분 투자의 매력이 무엇인가? 말 그대로 지분 투자는 회사 지분의 일부를 낮은 밸류에 취득하는 것이다. 즉, 삼성전자같이 될 회사를 딜소싱해서 그 회사에 지분 투자를 하는 것이다. 혼자서 소액으로는 투자할 수 없다. 때문에 나와 같은 전문 투자자들이 자금을 모아 공동으로 다양한 형태로 지분을 취득한다. 이렇게 해서 다양한 산업군의 다양한 회사의 지분을 취득해놓는다. 결과적으로 내가 투자한 내 자산이 다양한 회사에서 일하는 구조다.

앞서 이야기했던 V회사에 나는 그냥 투자만 해놨을 뿐이다. 그런데 내 돈이 투자해 있는 동안 열심히 일해서 수입을 벌어들였다. 나는 돈이 일하는 시스템을 만들어놓았을 뿐이다. 나는 이것에 힘입어 점차 파이프라인을 늘리고 있다.

그렇다면 나를 위해 일해줄 사람들은 누구인가? 바로 내가 지분 투자한 회사의 대표이사와 직원들이다. L회사는 약 1년 반 전쯤 자금이 필요해 나에게 긴급히 투자를 요청했다. L회사를 검토하고 분석해보니 전 세계 어느 시장으로 진출해도 손색이 없을 것 같았다. 다만 하나, 자금이 부족한 상태였다. 나는 3주 만에 투자자 몇 명과 6억 원을 만들어서 투자했다.

그 돈으로 그 회사의 대표이사와 직원들은 밤낮을 가리지 않고 전 세계를 다니며 비즈니스를 했다. 그러곤 내가 예측했던 대로 우리나라는 물론 중국, 미국, 싱가포르, 베트남 등등 정말 세계 곳곳에 솔루션을 제공할 수 있게 시스템을 구축해놓았다. 내가 투자한 시점에는 매출이 0이었는데 올해는 예상 매출이 약 100억 원 정도 된다고 한다. 대표님께서 너무 기쁘다며 들떠서 전화까지 주셨다.

지금도 대표이사님은 전화 통화는 물론 만날 때마다 너무 고맙다고 하신다. 그때 내가 투자해주지 않았다면 아마도 살아남지 못했을 수도 있었다며, 내가 투자해준 그 투자금으로 정말 많은 일을 해서 이만큼 성장하게 되었다며 고마워하신다. 나는 그 고마움을 알아주고 정말 죽을힘을 다해 일해준 대표이사님이 더 감사할 뿐이다. 나는 이게 지분 투자의 진정한 매력이라고 생각한다.

이렇게 내 인생과 삶은 지분 투자로 인해 완전히 달라졌다. 돈을 많이 벌었다는 의미보다는 앞으로 지분 투자를 통해 나만의 다양한 비즈니스 모델(BM)을 만들어 자본가의 길로 한 걸음 나아갈 수 있다는 뜻이다.

직장인 투자자, 오히려 강점이 더 많다

요즘은 다들 먹고살기 힘들다 보니, 투자에 관심이 많다. 또, 옛날과 다르게 평생직장이라는 개념도 없어지다 보니 더욱더 그러한 것 같다. 내 주변을 둘러보아도 직장인이든, 자영업자든 뭐 좋은데 투자할 때 없냐고 물어본다. 그럼 돈이 없지 투자할 곳은 너무 많다고 이야기하며 웃는다.

지인의 이야기다. 이분은 대기업에 근무하신다. 어느 날, 오랜만에 연락이 왔다. 이런저런 이야기 끝에 나는 요즘 전문 투자자로 일하고 있다고 했다. 그랬더니, 당장 만나자고 하셔서 그날 저녁에 바로 약속을 잡고 만났다. 이야기를 들어 보니 직장에 다니며 장내 주식을 조금씩 하고 계셨다. 상사 눈치 보며 매수하고 매도하고 하셨다고 한다. 그런데 타이밍을 놓쳐서 돈을 계속 잃고 계신다고 하시며 어떻게 복구해야 할지 나에게 자문을 구하셨다. 나는 그분께 지분 투자에 대해 설명을 해드렸다. 그리고 장내 주식처럼 날마다 호가 창이나 차트를 보지 않아도 된다고 말씀드렸다. 나를 위해 일해줄 돈(투자금)과 나를 위해 일해줄 사람(투자한 회사 대표와 직원들)을 최대한 많이 만들어보자고 했다. 그냥 은행에 정기 예금 해놨다 생각하고 3~5년 정도 놔두자고 했다. 내가 투자한 돈이 어떻게 일하는지 보자고 제안했다. 그랬더니 주식으로 돈을 많이 잃으셨기에 무슨 그런 투자가 있냐고 처음에는 반신반의했다. 그래서 다시 한 번 지분 투자의 가장 큰 장점을 설명 드렸다. 나를 위해 일해줄 돈과 사람을 많이 만들어 수입의 파이프라인을 만드는 일이라고. 모두가 돈 버는 특히, 국가도 한계가 있는 스타트업 기업을 살리는 명분도 있다고. 다시 들으시더니 한번 해보자고 그러셨다. 그렇게 해서 지금까지도 나와 함께 공동 투자자로 투자하고 계신다.

이분은 나랑 같이 V회사에 투자하셨던 분이시다. 그때 당시에 장내 주식에서 손해를 너무 보셨기 때문에 많은 자금은 못 넣고 약 2,000만 원 정도 투자하셨었다. 중간에 돈이 필요하셔서 일부 매도도 하셨다. 그러나 매도하지 않고 가지고 있었던 수량에 대해서는 약 700% 수익이 났다. 원금 포함해서 거의 1억 가까운 자금이 만들어졌다. 너무 고마워하셨다. 주식 투자해서 한번도 벌어본 적이 없었는데, 드디어 수익을 내봤다고 너무 좋아하셨다. 그리고 약 2,000만 원씩 5개 종목(회사)에 재투자하셨다. 가끔 만나 피드백해드리면 너무 고맙다고 만날 때마다 맛있는 것을 사주신다. 이분은 대기업에 근무하시기에 안정적인 수입이 나오고 있고 아직은 정년도 어느 정도 남아 있다. 그래서 적금 넣듯이 2~3달에 한 종목(회사) 정도 꾸준히 1,000만 원씩 모이는 대로 투자하고 있다. 이분의 목표는 정년 되기 전까지 최소 30~50개 회사에 지분 투자하는 것이다. 어떤 종목(회사)에서 먼저 수익이 날지는 모르니 다양하게 분산해놓자는 것이다. 그리고 수익이 나는 대로 다시 재투자하는 방식으로 해서 노후 자금을 넉넉하게 만들고, 정년 후에도 지속적으로 수입을 창출할 수입의 파이프라인을 많이 만들 예정이다. 아침마다 출근하는데 발걸음이 새털처럼 가볍고 행복하다고 하셨다. 이런 이야기를 들을 때마다 나는 너무 감사하다. 누군가에게 도움을 줄 수 있다는 게.

　지분 투자는 이분처럼 직장에 다니시며 안정적으로 월급이라는 수입이 나오는 분들에게는 최고의 투자법이 아닌가 싶다. 적금 넣듯이 매월이든 분기별이든 꾸준히 될성부른 좋은 종목(회사)에 투자해놓는다. 그러면 회사의 기업가치가 올라가면서 나의 자산의 가치도 같이 상승하기 때문에 나의 자산은 전체적으로 커지게 된다. 더 이상 상사 눈치 보며, 오르락내리락하는 주식 창을 보고 있지 않아도 된다. 내가 투자한 회사가 잘되기를 응원하며 기다리면 되는 것이다.

또 다른 한 분의 얘기를 해보겠다. 이분은 지인을 통해 소개받은 분이다. 월급쟁이는 아니셨지만 자영업을 하시는 분이셨다. 그리고 주식은 아니었지만 다양하게 투자 활동을 하고 계셨다. 이분은 매월 고정적인 수익이 나오시는 분이라 처음에는 내가 하고 있는 지분 투자에 크게 관심을 갖지 않으셨다. 그러나 이분이 나를 만나고 이런 지분 투자를 알게 되고 최종적으로 투자 결정을 한 이유가 특이하다. 이분을 소개받고 처음 만났을 때가 2017년 1월경이었다. 당시 같은 지역에 살고 계신 분이셨다. 그때 당시 나의 멋진 큰아이가 2017학년 대학수능고사를 본 후였다. 수능시험을 감사하게도 평소 실력대로 잘 봐서 가군 서울대, 나군 고대, 다군 중대를 합격했다.

큰아이가 졸업한 중학교에서는 39년 만에 서울대 합격생이 나왔다고 그 지역 전역에 축하 플래카드를 붙여놨다. 딸과 나는 너무 웃겼지만 그래도 재밌는 추억이라며 사진 몇 장 찍어놓았다. 그런데 이 플래카드가 이분과의 인연을 맺어줬다. 이분과 이야기하는 중에 애들 이야기가 나와서 우리 큰딸이 플래카드 붙은 딸이라고 했다. 그러더니 이런 시골에서 대단하다고 하셨다. 딸을 그 정도로 훌륭하게 키울 정도면 믿고 투자할 만하다고 하시며, 선뜻 투자를 결정하셨다. 이분은 M회사와 A회사에 투자를 하셨다.

지분 투자의 가장 큰 장점은 피드백을 받을 수 있다는 것이다. 나는 회사 대표로부터 피드백을 받는다, 그리고 피드백 받은 내용을 공동투자자분들과 공유한다. 이분께도 꾸준히 피드백을 해드렸다. 그 뒤로도 계속적으로 좋은 종목이 나오면 소개를 해드렸고 그렇게 투자를 하셨다. 이두 종목이 통일 주권이 발행이 되고 비록 상장은 하지 않았지만, 시장에서 거래가 되기 시작했다. 1년 2개월 정도 흐른 시점에 큰 이슈는 없었는데 A회사의 주식이 약 80% 정도 수익이 났다. 일부 매도를 해서 원금 먼저 회수를 해놓자고 했다. 그런데 이분은 장기 투자를 좋아하셔서 매도를 안 하시겠다고 하셔서, 본인이 원하니 어쩔 수 없이 매도를 하지 않았다. 그 후 6개월 정도 지나 M회사의 주가가 오르기 시작했다. 앞서 말한 V회사처럼 아직 상장하지 않아도 이렇게 수익이 나는 경우가 종종 있다. 약 300% 오르자 이번에는 강하게 매도를 하자고 말씀을 드렸다. 이번에는 전량매도를 하셨다.

이렇게 수익이 나면 내가 매도를 권하는 이유가 있다. 장내 주식이 되었든, 아직 상장하지 않은 장외 주식이 되었든 일단 시장에 나오면 날마다 오르는 주식은 없기 때문이다. 그리고 또 하나, 10년, 20년 가지고 있을 생각이 아니면, 일단 매도하는 게 정답은 아니지만, 차선책은 된다. 삼성전자 주식이 액면가(100원) 대비 약 600배 올랐다. 삼성전자 주식이 상장해서 지금까지 날이면 날마다 오른 게 아니다. 올랐다 내렸다를 반

38

따라 하면 돈 버는 주식 투자 비법

복하며 큰 그림에서 우상향을 한 것이다. 주가가 떨어진다고 해서 기업 가치가 훼손돼서가 아니다. 물론 훼손되는 경우도 있다. 그러나 주가가 오르면 누군가는 매도를 하는데, 매도물량이 나오기 시작하면 가격 하락은 당연하기 때문이다. 이분은 이렇게 두 종목 중 한 종목은 홀딩 하고 한 종목은 매도를 했다. 그런데 한 달 후에 두 종목의 주가가 떨어지기 시작했다. 홀딩한 종목이 아직도 매수가보다는 위에 있긴 하지만 엄청난 기회비용을 놓쳤기 때문에 많이 아쉬웠다. 그렇다고 모든 종목이 좀 오른다고 다 매도하는 건 아니다. 그냥 5년 이상 장기 투자할 종목은 가격 등락에 상관없이 홀딩 한다. 그때그때 종목마다 다 다르게 대응한다.

이분과 인연을 맺어오며 많은 사건들이 있었다. 이분의 사례들은 이후에도 여러 번 언급될 것이다. 이렇게 극과 극의 경험을 하시고 뭔가 좀 깨달은 것 같다.

조언을 해줬던 분 중에 J라는 분이 계신다. 이분은 보험 영업부터해서 이곳저곳 기웃거리며 다양한 일들을 하고 계신다. 아직도 나는 이분이 정확하게 무슨 일을 하는지도 잘 모르겠다. 고정 수입도 없는 듯하다. 그런데 굳이 내가 추천해준 종목에 투자하시겠다고 해서 L종목을 추천해 드렸다. 그리고 소액을 투자하셨다. 하루가 멀다 하고 전화해서 언제 수익 나냐고 물어오신다. 그런 투자 있으면 나 좀 소개해달라고 웃으면서 이야기한다. 솔직히 쉽게 빨리 돈 벌려고 하는 이런 분들은 서로 힘들다.

무슨 일이든 대가가 필요하다. 그중 투자는 시간이라는 대가를 필요로 한다. 오늘 투자해서 내일 수익이 나면 얼마나 좋겠냐마는 절대 절대 그런 투자는 없다. 설사 있더라도 그런 투자는 오래가지 못한다. 투자 시장에 있으면서 항상 느끼는 거지만 대부분의 돈을 잃는 사람들은 대가를 지불하지 않고 수익을 얻으려는 욕심 때문이다.

위의 분들의 상황들을 경험하며, 투자라는 것에 대해 많은 생각을 하게 되었다. 물론 세상에는 투자할 수 있는 게 어마어마하게 많이 있다. 단지 나는 그런 투자처 중 스타트 벤처기업에 지분 투자하는 것을 선택했을 뿐이다. 그러나 지금까지 나의 경험으로나 내 주변의 지인들을 보면 고정적인 수입이 나오면서 하는 투자가 얼마나 안정된 투자를 할 수 있는지 알 수 있다. 날마다 상사 눈치 보며, 호가 창 보며 스트레스받지 않고 시간의 대가만 잘 지불한다면 안정적으로 수익을 낼 수 있는 투자다. 또한 고정적이고 안정적인 매월 나오는 월급이나 수입이 있기 때문에 충분히 기다릴 수 있는 힘이 생긴다. 매달 나오는 월급의 투자 자금을 꾸준히 주식에 적정 비중으로 투자하기만 하면 된다. 그래서 나는 지분 투자가 매월 고정적인 수입이 나오는 사람에게 적합한 투자 방법 중 하나라고 생각한다.

평생 월급쟁이로 살지는 마라

우리는 우리의 의지와 상관없이 자본주의 사회에서 태어났고, 큰 이변이 없는 한 자본주의 사회에서 죽을 것이다. 자본주의는 내 노력과 의지에 의해서 엄청난 부를 창출할 수 있다. 그렇다고 평생 월급쟁이로 산다는 게 나쁘다고 말하고 싶은 게 아니다. 고정적인 수입이 매월 들어온다는 것처럼 안정적인 건 없다. 고정적으로 월 300만 원을 월급으로 받는다고 가정해보자. 단순 산수를 해보면 지금 은행 이율을 약 2%로 계산하더라도 18억을 은행에 정기예금 해놓았을 때 받을 수 있는 이자 수익과 맞먹는다. 월 300만을 번다는 건 정말 대단한 일이다. 하지만 회사는 절대 월급 외에 돈을 주지 않는다. 내 회사가 아닌 남의 회사를 다니고 있기 때문이다. 또한, 자의든 타의든 퇴직이라는 필수불가결한 상황이 무조건 만들어진다. 나는 아무리 회사에 붙어 있고 싶어도 IMF같은 상황이 만들어져서 회사가 힘들어지면 사직을 당할 수밖에 없다(권고사직). 아니면, 내가 어떤 병에 걸리든, 정년을 맞든 반드시 회사를 그만둬야 할 때가 있다는 것이다. 빠르고 느리고의 차이일 뿐 내 회사가 아닌 이상은 무조건 회사를 나와야 한다.

이렇게 안정적인 월급이 나오다 보면 대부분의 월급쟁이들은 미래를 생각하지 않을 때가 있다. 회사에서 나오는 월급이라는 안정적인 수입이 있기 때문이다. 지금 당장은 먹고사는 데 문제가 되지 않기 때문이기도 하다. 그래서 국민연금이나 매달 월급의 일부를 적금하는 걸로 미래를 대비했다고 생각한다. 하지만 자의든 타의든 퇴직 후의 삶을 잘 고민해 봐야 한다. 과연, 퇴직 후 국민연금으로, 매달 적금 넣은 것으로 얼마를 버틸 수 있을까? 퇴직 후 일을 한다고 해도 젊었을 때처럼 할 수 없음도 감안해야 한다. 그래서 안정적인 수입이 나올 때 퇴직 후를 대비해서 내가 일하지 않아도 수입이 나올 수 있는 수입의 파이프라인을 만들어 놔야 한다.

이 책을 쓰면서 나는 나의 월급쟁이 시절이 떠올랐다. 어릴 적 나는 빨리 돈을 벌고 싶어서 여자상업고등학교로의 진학을 선택했다. 지금은 학사학위까지 있고 석사를 경영학을 할지, 철학을 할지 고민하고 있지만.

그렇게 여상을 졸업하고 대기업에 취업을 했다. 막 취업을 했던 그때가 1992년도였던 것 같다. 당시 연봉이 1,500만 원 정도 되었다. 그러고 보니 세월 참 빠르다. 나름 높은 연봉에 제복 입고 일하던 그때만 해도 월급만으로도 잘 모으기만 하면 충분히 부자가 될 수 있을 것이라고 생각했다. 그래서 적금도 넣고, 보험도 넣고, 잘 쓰고 잘 먹고 잘살았다. 내가 나름 잘 벌고 있었기에 같은 월급쟁이 만나 같이 벌면 잘살 수 있을 것이라 생각했다. 그래서 나보다는 안정적인 공무원인 남편을 만나 그야말로 평범하게 살아왔다.

그러나 그건 둘만 있었을 때 이야기였다. 큰아이를 임신하고 출산이 가까워지면서 나는 자연스럽게 사직을 하게 되었다. 그때만 해도 출산 휴가가 있는 회사가 있었지만, 없는 회사가 더 많던 시절이었다. 내가 다닌 회사는 출산 휴가는 있었지만 눈치가 보여 출산 휴가를 쓸 수가 없는 상황이었다. 그래서 어쩔 수 없이 사직을 하게 되었다. 그때가 또 IMF가 막 터진 지 얼마 안 된 때였다. 공무원들의 봉급이 동결되고 모든 상여금이 중단되었다. 지금도 잊을 수 없는, 남편 통장에 급여가 505,000원 찍혔던 기억이 있다. 그때 나는 처절하게 느꼈다. 국가도 위험에 처할 수 있다는 걸. 때로는 국민을 책임져줄 수 없을 수도 있다는 걸.

그렇게 나를 지켜주지 못했던 회사와 우리 가정을 너무도 힘들게 했던 국가 부도 사태가 남의 일이 아닌 내 일이 되어버린 것이다. 그때 나는 뼈저리게 느꼈다. 그 어떤 회사도 그 어떤 나라도 나를 지켜주지 않는다는 것을. 그러나 그때는 그나마 50만 원이라도 나오는 것에 감사해야 했던 시절이었다. 평생 월급쟁이 말고는 할 수 있는 게 아무것도 없었던 시절이기도 했다.

월급쟁이들의 현실은 그 어느 누구도 나의 노후를 절대 보장해주지 못하는 현대판 노예의 삶이다. 관노냐 사노냐의 차이일 뿐. 그럼에도 그 노예를 하겠다고 어려서부터 십수 년을 피나는 노력을 한다. 나는 월급쟁이들에게 말하고 싶다. 잠시 하늘을 보고 자신의 과거와 현재와 미래의 모습을 바라보라고. 내 부가 아닌 다른 사람의 부를 위해 미친 듯이 달려온 자신을 꼭 한 번쯤은 바라보라고 말하고 싶다.

내가 투자 시장에 대해 막 알아보고 있을 때의 일이다. 마인드 교육을 하시는 분이셨는데, 많은 대화 중에 나에게 '혁신'하라는 말을 하며, 한자로는 가죽 '혁'에 몸 '신'을 쓴다고 했다. 이분의 말씀으로는 진정한 혁신을 한다는 것은 내 가죽을 벗길 만큼의 고통이라는 것이다. 생각과 의식을 완전히 변화하라는 말이었다. 그날 밤 나는 잠을 이룰 수가 없었다. 나의 40여 년의 삶을 되돌아보았다. 그토록 원했던 부는 없고 가난과 구질구질한 삶만이 남아 있었다. 그때 당시의 내 삶도 마찬가지였다. 내가 지금 혁신하지 않으면 지나온 나의 40년과 똑같은 앞으로의 40년 만이 있겠구나. 지긋지긋한 가난과 구질구질함만이 있겠구나. 나는 너무 소름 끼치고 너무 무서웠다. 똑같은 40년을 다시 산다는 게.

그날 나는 마음으로 결정했다.

'오늘 이후의 나의 삶은 지나온 40년과는 180도 다른 삶을 살겠다!'

그렇게 결정하고 나는 오직 부와 성공만 생각하며 여기까지 왔다.

월급쟁이들에게 감히 말하고 싶다.

"회사는 절대 나의 미래를 나의 인생을 책임져주지 않는다!"
"온전히 나를 위한 삶을 살라!"

혹여라도 안정적인 수입이 끊겼을 때 스스로 가치를 창출할 수 있는 사람이 될 수 있어야 한다. 안정적인 월급이 나올 때 미리 준비하라고 말하고 싶다.

아들 친구 엄마가 어느 날 연락을 해왔다. 큰딸이 대학 입학하던 그해 2017년 봄이었다. 큰딸이 서울대, 고대, 중앙대 합격한 합격증을 사진을 찍어 카카오톡 프로필 사진으로 올려놓은 걸 보고 연락을 한 것이다. 이 엄마의 관심은 당연히 무슨 과외를 시켰냐였다. 나는 과외나 학원을 안 보내고 교육시켰고, 혼자 공부해서 이룬 성과라고 이야기해주면서 이런 저런 많은 이야기를 나누었다. 나에게 무슨 일을 하냐고 물어서 나는 전문 투자자라고 이야기를 했다.

그분의 이야기다.

"남편은 의사인데, 페이 닥터예요. 사람들은 남편이 의사라고 하면 엄청 부러워해요. 그런데 제 남편도 의사이지만 의사도 다 노동 소득자예요. ○○이 엄마가 정말 부럽네요."

이 말을 들은 나는 사실 약간은 충격이었다. 단 한 번도 나는 전문직들이 노동소득자라고 생각해보지 않았기 때문이다. 우리나라에서는 의사, 변호사 등 '사' 자 들어간 직업을 갖기 위해 상상할 수 없는 많은 시간과 돈을 들인다. 최고의 전문가 직업을 가졌다고 시골에서는 플래카드까지 붙여가며 축하해준다. 그래서 내가 물어보았다.

"그런데 ○○이 엄마는 왜 남편이 노동소득자라고 생각하세요? 다들 최고의 직업이라고 엄청 부러워하잖아요. 돈도 많이 벌고 브레인 집단이라고 하는데."

내 질문에 아들 친구 엄마의 답변이다.

"아니에요, 아무리 의사라도 아파서 일 못 하면 수입이 없잖아요. 그리고 자식이 의대를 나오지 않는 한 개업의라도 물려줄 수가 없어요. 의사도 본인 몸을 놀려서 돈을 벌어야 하기 때문에 노동소득자예요. 지금은 먹고사는 데 크게 지장은 없이 잘살고 있지만 노후가 걱정이에요."

그렇게 많은 이야기를 나누고 이 엄마와 헤어지고 그날 많은 생각을 했던 기억이 있다. 의사라도 페이 닥터는 월급쟁이일 뿐이다. 개업의라도 혹여 본인이 아파서 진료를 못 하면 수입이 하나도 없는 자영업자일 뿐이라는 것이다. 우리나라에서 그 어느 누구도 의사를 전문직이라고 하지 노동소득자라고 표현하지 않는다. 그러나 당사자가 그렇게 이야기를 하니 적지 않은 충격을 받았다. 지금도 병원 간판을 보면 그 엄마가 했던 말들이 머릿속에서 쟁쟁거리며 생각나곤 한다. 나는 비록 그들보다 모든 면에서 뒤떨어진 듯했지만, 지금의 나는 그들보다 훨씬 더 나은 삶을 살고 있다는 생각이 들었다.

"그럼 내가 할 수 있는 게 없는데 어떻게 월급쟁이로 살지 말라고 하느냐?"

이런 질문을 많이 받는다. 내가 일하지 않고도 수입의 파이프라인을 만드는 방법이 있다.

첫 번째는 내 사업을 하는 것이다. 내가 월급을 받는다는 건 다른 사람의 회사에서 일한다는 것이다. 반대로 나에게 월급을 주는 사장은 자기 대신 자신을 위해서 일하는 사람을 사용한 것이다. 잘 생각해보라.

두 번째는 기업의 지분을 사는 것이다. 지분을 산다는 것은 나를 위해 일해줄 회사를 지분만큼 소유한다는 것이다. 즉, 내가 소유한 지분만큼 회사의 주인이 되는 것이다. 그들이 나를 위해 일해주고 있다는 뜻이다.

첫 번째 방법은 많은 자금이 들어가야 하고 시간도 많이 걸리니 두 번째 방법을 추천한다. 나도 지분 투자를 하기 전에는 대한민국에 무슨 회사가 있는지, 어떤 회사가 잘 나가는지 관심도 없었다. 나와는 전혀 상관 없는 일이었기 때문이다. 하지만 이제는 나를 위해 일하고 있는 기업들이 점점 많아지다 보니 더 많은 관심도 갖게 되었다. 아직도 이렇게 멋진 투자를 시작하지 않은 직장인이나 자영업자라면 더 이상 노동수입에 의존하지 말라고 말하고 싶다. 자본주의 사회에서 자본가로서의 삶을 시작하라고 권하고 싶다.

06

큰돈이 없어도 투자의 기회는 열려 있다

대부분의 사람들은 '투자'라면 큰돈이 있어야 한다고 생각한다. 투자하면 부동산 투자를 먼저 떠올리기에 그렇다고 생각한다. 그래서 투자에 대해서 이야기하면 그건 돈 많은 사람들의 이야기라며 아예 들으려고도 하지 않는다. 그래서 더 가난해지는 걸까? 그러나 굳이 투자하지 않아도 돈 잘 벌고 있는 사람들이 오히려 더 관심을 가지고 물어본다. 참 아이러니하다.

만약에 큰돈이 있어야만 투자를 할 수 있다고 한다면 나는 절대 투자를 할 수 없는 사람이다. 앞서 이야기했듯 나는 정말 돈이 없었기 때문이다. 단돈 100만 원도 없었던 시절도 있었다. 만약에 대부분의 사람들처럼 나도 투자라면 큰돈이 있어야 한다고 생각하고 포기했다면 어떻게 되었을까? 지금의 나는 없었을 것이다. 그럼에도 나는 이렇게 전문 투자자로 멋지게 활동하고 있다.

내가 돈이 없었던 나의 과거 이야기를 하지 않고 그냥 전문 투자자라고 하면 내가 엄청 돈이 많아서 투자를 시작했다고 생각한다. 하지만, 나는 정말 돈이 너무 없어서 돈이 너무 벌고 싶어서 진짜 큰 부자가 되고 싶어서 투자를 시작하게 되었다.

어느 날, 그다지 가깝지는 않은 지인에게서 전화가 왔다. 정말 괜찮은 회사가 있는데 한번 투자해보지 않겠냐고. 많은 돈은 아니었지만 나는 당시 이미 거래소를 통해 장내 주식 투자를 하고 있었고 상장하기 전에 투자할 수만 있다면, 안정적으로 수익을 낼 수 있겠다는 생각을 늘 하고 있었다. 그런데 마침 그런 기회가 온 것 같아 나는 그분에게 흔쾌히 그러겠노라고 하고 약속을 잡아 만났다. 어쩌면 내 인생의 새로운 2막이 시작되는 시점이라는 생각에 많은 기대를 했다. 그분을 만나 다양한 이야기를 나누게 되었다. 내가 돈이 몇 억이 있었던 것도 아니었기 때문에 일단 작은 금액으로 시작해보겠다고 했다. 그렇게 나의 투자 인생이 시작되었다. 물론 이 투자는 내 의지와 상관없이 완전 실패로 돌아가기는 했다. 그러나 나에게 지분 투자라는 새로운 투자 시장을 알려준 부분에 대해서는 항상 고맙게 생각한다. 돈 공부를 하고 부자에 대해서 공부를 하고 투자 공부를 하기 시작했던 게 이때부터였다. 그나마 없는 돈마저 다 날렸기 때문에 정말 이제는 어떻게 해야 하나 고민을 엄청 했던 시간이기도 했다.

투자는 돈과 시간이라는 대가를 치러야 한다. 거기에 정성(공부)을 더해야 한다. 세상에 공짜는 없기 때문이다. 그러나 대부분의 사람들은 돈이라는 대가만 치르려고 한다. 아니, 아무런 대가를 치르지 않고 돈을 벌려고 한다. 그러다 보니 짧은 시간에 고수익을 내준다는 감언이설에 속아 평생 벌어놓은 전 재산을 날리기도 한다. 나에게 상담하러 오는 많은 사람들이 고수익이라는 그런 감언이설에 속아 전 재산을 저당 잡히고 하소연을 하는 사람들이다. 그래서 나는 사람들에게 나는 간곡히 부탁한다. 이 책을 읽고 있는 분들에게도 간곡히 부탁한다. 제발 대가를 치르라고. 세상에 공짜는 절대 없다고.

나는 돈이 별로 없었기 때문에 시간과 정성이라는 대가를 치르기로 결정을 했다. 이 시장에서 돈을 봤기 때문이다. 이 시장에서 제대로만 한다면 내가 그렇게 좋아하는 큰돈을 벌 수 있겠다는 확신이 들었다. 그래서 나의 모든 에너지를 돈 공부와 투자 공부하는데 쏟았다. 전국을 돌며 지분 투자 관련된 사람들을 정말 많이 만났다. 기관관계자부터 시작해서 심사역, 전문 엔젤투자자들…. 이렇게 만난 사람들 중 한 분이 내 인생을

바꿔주신 금융의 스승님이시다. 스승님도 어느 날 갑자기 내 앞에 '짠!'
하고 나타나신 게 아니다. 나는 정말 많은 분들을 만났다. 그만큼 대가를
치른다는 마음으로. 어떤 일이든, 무슨 일이든 충분한 대가를 치를 각오
를 하지 않으면 아무것도 해서는 안 된다. 시간, 돈, 정성(나의 노력)이라는
대가를 충분히 치렀을 때 성공이라는 두 글자가 내 앞에 있다는 걸 명심
해야 할 것이다.

　월급만으로는 절대 부자가 될 수 없다. 그러나 월급을 가지고도 충분
히 부자가 될 수 있다. 내가 모아놓은 자금이 없더라도 고정적으로 나오
는 월급이 투자를 할 수 있는 충분한 시드머니가 될 수 있기 때문이다.
월급쟁이든 자영업자든 투자를 통해 생활비를 벌어야 한다면 장기적인
투자가 어렵고 힘들다. 그러나 고정적으로 수입이 나오는 상태에서 투자
를 하면 내가 여러 사업체를 함께 거느리는 효과를 얻을 수 있다.
　월급쟁이들의 수입은 제한적이기 때문에 투자할 수 있는 돈도 제한적
이다. 그래서 이런 경우는 시간의 대가를 충분히 치르면 된다. 즉, 장기
투자를 하면 된다는 뜻이다. 그리고 사업체를 늘리듯 투자기업을 늘려나
가면 된다. 또한 연봉이 높지 않다면 최대한 지출을 줄여 투자할 수 있는
자금을 많이 확보하는 것도 하나의 방법이다. 월급쟁이로 살면서 지분
투자에 대해 아예 모르거나, 투자가 아닌 투기로 접근해서 많은 돈을 잃
은 사람보다는 훨씬 유리한 상황이 될 것이다. 내가 비록 월급으로 많은

수입을 못 올리더라도 내가 투자한 기업이 돈을 잘 벌면 된다. 그리고 그런 기업들의 지분을 꾸준히 사고 장기적으로 가지고 있으면 누구나 경제적으로 풍요롭게 살 수 있다. 주식회사라는 제도는 자본주의가 우리 같은 보통의 사람들에게 준 최고의 기회이자 선물이다.

서울에 투자 관련된 사람들 모임이 2개 있다. 그중 한 모임의 회원분이 계신다. 투자 시장에 거의 30년 정도 계신 분이시다. 우리 같은 투자자는 그분에 비하면 병아리 수준이다. 2년 전쯤 2018년 9월쯤으로 기억한다. 대전에서 행사가 있어 9월 모임은 대전에서 하기로 하고 회원의 일부가 대전에서 모였다. 행사 후 저녁을 먹으며 이런저런 투자 상황이나 투자 성공 사례들을 이야기하고 있었다. 그분께서 최근 투자 성공 사례를 하나 이야기하셨다. 2015년경 가장 빠른 투자 단계인 엔젤 단계에서 지분 투자를 하셨다고 한다. 그로부터 3년 정도 흐른 시점인 2018년 상반기에 의미 있는 매출이 나왔고, 8월경에 기관 투자를 받게 되었다고 한다. 기관 투자를 받는 밸류(가치)가 회원분께서 투자하신 밸류(가치)대비 약 100배 정도였다고 한다. 그 회원분은 지분 일부를 기관에 구주로 매도를 하셨고, 나머지는 상장 후에 매도할 것이라고 하셨다

그분께서 하신 말씀을 나는 정말 열심히 들었다. 주옥같은 말씀이셨다.

"결국은 시간이더라. 사람들이 빨리 수익을 내고 싶어서 전 재산을 무리하게 투자를 하니 조급해져서 항상 돈을 잃는 투자를 하는 거야. 자금이 크든 작든 기다릴 줄 알아야 해. 그리고 정성을 들여야 해. 농부를 봐라, 봄에 씨를 뿌리고 가을까지 약도 주고, 벌레도 잡아주고, 거름도 주면서 얼마나 많은 정성을 들이는지…."

그러시면서 처음 투자 시장에 발을 들여놓았을 때를 이야기하셨다.

"나도 월급 받으면서 그 월급을 쪼개고 쪼개 투자를 했어. 그래도 안정적으로 월급으로 수입이 나오니 적금 넣는다 생각하고 투자를 했지. 그때만 해도 투자보다는 적금을 하던 시절이라 다들 나보고 미쳤다고 했지만 내가 공부해보니 이렇게 멋진 적금이 없었지. 그렇게 정성을 쏟고 했지만 시간이 흘러 회사가 절반은 없어졌고, 살아남은 절반은 나에게 이런 부를 안겨다 줬지. 지금은 전문 투자자로 전국을 돌며 너무 재밌게 투자하고 있어."

그렇게 담담하게 30여 년의 모든 투자 노하우를 쏟아내셨다.

"큰돈이 아니라도 시간이 지나면 어느 날 큰돈이 되어 있더라구."

물론 큰돈으로 투자를 시작하면 더 큰돈을 벌 수는 있을 것이다. 그렇다고 해서 작은 돈으로 투자를 못 한다는, 투자는 큰돈으로만 해야 된다는 편견은 버려라. 작은 돈이라도 투자를 시작한다고 결정하는 게 더 중요하다. 그리고 어떤 대가라도 치를 마음의 준비를 하라. 그렇다면 머지않은 미래에 나의 자산은 더 커져 있을 것이다.

07

월급쟁이의 삶! 대를 물릴 것인가?

예전에는 어려움을 참고 기다리면 좀 더 나은 미래가 있었다. 6 · 25가 지나고 새마을 운동을 했던 시대를 생각하면 이 말이 무슨 말인지 쉽게 이해가 된다. 그때는 어려움을 참고 기다리다 보면 분명 좋은 시대가 왔기 때문이다. 그러나 지금은 어려움을 참고 기다리면 더 어렵고 힘든 세상이 되고 말았다. 누가 문제가 있어서가 아니다. 대통령이 바뀐다고 해결되는 문제가 아니다. 세상이 그렇게 변해가고 있는 것이다. 과거에는 성공하기가 정말 쉬웠다. 공부 열심히 해서 좋은 대학 들어가고, 돈을 많이 주는 기업에 취직하면 됐었다. 그러나 지금은 그런 시대가 아니다. 평생직장이라는 말도 없어진 지 오래다. 그런데 월급만 가지고 부자가 되겠다고? 언제 잘릴지 모르는 월급쟁이들. 언제 망할지 모르는 자영업자들. 우리는 지금 너무나도 불확실한 시대를 살고 있다. 은행도 망해서 내 돈이 어디로 갔는지 모르는 세상을 우리는 살고 있다. 정신 똑바로 차리지 않으면 나만 가난하게 사는 게 아니라 내 자식에게까지 그 가난을 대물림할 수밖에 없는 상황이다.

70년대 80년대처럼 정말 공부만 잘하면 좋은 데 취업해서 은행에 예금만 해도 집도 사고 땅도 사고 할 수 있는 그런 시대가 아니다. 그래서 연애, 결혼, 출산의 3가지를 포기한다고 해서 3포 시대를 지나, 여기에 취업과 내 집 마련을 포기한 5포 시대, 더 나아가 인간관계와 미래에 대한 희망까지 포기한 7포 세대까지 와 있다. 결국은 사람이 태어나서 죽을 때까지 모든 과정들을 포기한다는 것이다. 가만히 들여다보면 다 돈과 연관되어 있는 내용들이다. 인간관계조차도 돈이 없으면 포기해야 하는 시대를 우리는 지금 살고 있다. 그래서 헬조선이라는 신조어까지 생겨났을까? 그러나 이러한 현상은 우리나라만 국한되는 게 아니라 전 세계적인 현상이다. 그만큼 시대가 변했음을 뼛속 깊숙이 느껴야 한다.

거듭 말하지만 월급만으로 부자 되기는 어림없다. 그런데도 내 자식이 나와 똑같은 월급쟁이 되라고 다그친다. 월급쟁이로 평생 살면서 힘들게 힘들게 살아왔으면서 내 자식이 똑같이 그렇게 되기를 강요한다. 선진국이 되고 성장률이 낮아질수록 대부분의 국가에서 금리를 낮춘다. 현재

미국과 일본 등 선진국의 예금금리는 1%가 채 되지 않는다. 그래서 선진국에서는 저축해서 돈을 불릴 생각 자체를 하지 않는다.

　우리나라도 이미 예금금리가 1%대로 진입하였다. 더 이상 저축은 부를 늘리는 수단이 아니라는 뜻이다. 그러기에 이 책을 읽고 있는 여러분들은 돈을 더 많이 벌 수 있는 방법을 고민해야 한다. 내가 월급쟁이 생활을 할 때 돈을 더 많이 벌 수 있는 방법을 끊임없이 생각하던 기억이 있다. 그때만 해도 월급 받는 것 말고는 다른 뾰족한 수가 없었기 때문에 월급쟁이가 최선이라고 생각했다. 또한 자녀들에게도 공부를 잘해서 대기업 들어가고 고시 봐서 '사' 자 들어간 직업을 갖는 게 최선이라고 이야기했었다. 그러나 지금 보더라도 월급만으로는 절대 절대 부자가 될 수 없다는 것을 그때는 정말 몰랐다. 아끼고 저금하면 당연히 부자가 될 수 있을 것이라고 생각했다.

　내가 투자 시장에 들어와 이 기가 막힌 시장을 알고 나서는 아이들과 나누는 대화가 달라졌다.

"돈은 일해서 버는 걸까?"
"일을 시켜서 버는 걸까?"
"돈을 굴려서 버는 걸까?"

따라 하면 돈 버는 주식 투자 비법

나의 질문에 아이들은 한참을 고민한다. 학교에서는 분명히 열심히 일해서 돈을 벌어야 한다고 배웠고, 주변 사람들을 봐도 열심히 일해서 돈을 버는 사람만 있기 때문이다.

어느 날부터 아이들에게 투자에 대해 가르치고 사업에 대해 이야기를 하기 시작했다. 나를 위해 일해줄 사람과 시스템과 돈을 만들라고. 아니, 아이들과 서로 대화를 나눈 게 맞을 것이다.

돈을 버는 방법에는 여러 가지가 있다. 우리가 그동안 살면서 어디에서도 돈 공부, 경제 공부, 부자 공부를 하지 않았다. 알려주는 곳이 없었다는 게 맞는 말이다. 학교에서조차도 돈의 속성이나 경제 흐름을 알려주지 않았다. 오히려 돈 이야기하는 것을 터부시하고, 속물이라고 하는 경향이 더 많았다. 우리의 공교육은 사업가들이나 정치인들이 가장 편하게 부려먹을 수 있을 만큼 딱 그만큼만 교육을 시킨다. 그렇게 대학까지 16년 동안 학교를 다니지만 사회에 나오는 순간, 한 번도 경험하지 못한 세상을 만나게 된다. 그래서 아무것도 모르고 어느 날 보니, 신용불량자가 되어 있고, 고시원을 전전하는 인생으로 추락하게 된다. 어차피 학교에서는 기대할 수 없는 경제 공부, 돈 공부를 가정에서라도 해야 한다.

엄마들이 먼저 깨어나야 한다. 내 아이가 정말 부자가 되길 원한다면, 더 이상 공부하라는 말 하지 말고 같이 돈 공부, 경제 공부, 부자 공부를 하기를 간곡히 부탁한다.

언제까지 월급 좀 더 받는 월급쟁이가 되기 위한 공부 때문에 우리의 귀한 아이들이 죽음으로 내몰려야 하는가? 나는 대한민국의 아이들을 생각하면 너무 마음이 아프다. 공부를 좋아해도 잘 안 되는 걸 억지로 한다고 되겠는가? 엄마들도 가슴에 손을 얹고 생각해보자.

'나는 과연 학교 다닐 때 공부 잘했는가? 올백 한 번이라도 맞아봤는가? 서울대 나온 엄마인가?'

아니라면 내 아이들이 공부 잘하길 기대하는 게 얼마나 욕심인지를 알았으면 좋겠다. 터무니없는 엄마들의 욕심으로 인해 아이들의 영혼이 죽어간다는 사실을 알고는 있는지? 나는 내가 학교 다닐 때 전교 1등을 해보지도 않았고, 올백을 맞아보지도 않았기에, 더더군다나 서울대는 근처도 못 가봤기 때문에 언감생심 공부 잘할 것이라고는 기대도 하지 않았다. 그래서 공부하란 소리를 단 한 번도 해보지 않았다. 그럼에도 잘해준다면 완전 땡큐이고, 잘되면 로또라고 생각했다. 그런데 그렇게 되더라. 사교육 하나 없이 큰딸이 서울대까지 합격했으니 나는 큰소리쳐도 된다고 생각한다. 기회가 되면 자녀 교육을 어떻게 시켰는지 이야기해보겠다.

이 땅의 어머니들이여! 제발 아이들에게 공부하란 소리 하지 마셔라! 공부도 곧 재능이다. 공부에 재능이 없는 아이들은 아무리 비싼 학원 보내고 과외를 시킨다고 절대로 공부 잘하지 못한다. 그 돈으로 아이가 뭘 좋아하는지 잘 관찰해서 좋아하는 걸 일등으로 잘할 수 있게 해주길 바란다.

나는 공부하라고 말하는 대신 아이들에게 공부보다 좋아하는 일을 하라고 이야기했다. 큰아이는 공부에 재능이 있어 잘했다면, 둘째 아이는 공부에 관심은 하나도 없는 아이다. 내 배 속에서 나온 아이들이었지만 완전 극과 극이다. 둘째 아이는 공부보다는 그림 그리기, 피아노 치기 이런 걸 더 좋아한다. 둘째에게 공부하라고 극성을 부렸으면 이 아이가 어떻게 되었을까? 한국에서 학교 다니고 있다면 현재 고3인 둘째 아이는 엄마가 세상에서 제일 좋다고 한다. 다른 엄마들하고 다른 특별한 엄마라고.

어릴 때부터 사회를 알고 돈을 알고, 자신의 미래를 그릴 수 있는 그런 아이로 키우라고 이 땅의 모든 엄마들에게 호소하고 싶다. 그러기 위해서 엄마가 먼저 돈 공부, 부자 공부, 경제 공부를 해야 한다. 엄마들이 먼저 의식이 전환되어 부자의 마인드를 만들어야 한다. 그래서 아이들에게 공부만 열심히 해야 한다고 말하는 엄마가 아니길 바란다. 어떻게 하면 내 아이가 좋아하는 일을 더 잘할 수 있을지 함께 고민하길 바란다. 좋아하는 일 잘하게 되어 그 일을 통해 어떻게 하면 미래에 정말 멋진 부자가 될 수 있을지에 대해 대화할 수 있는 엄마가 되기를 바란다.

이 사실을 아는가? 내 아이는 딱 엄마의 잔소리만큼만 큰다. 지금 바로 아이들의 행동이나 습관을 잘 관찰해보시라. 잔소리 듣기 싫어 잔소리한 것만 하고 있는 아이의 모습을. 더 이상 아이들에게 잔소리하는 엄마가 아니라 아이의 미래에 대해 함께 고민하고 노력하는 그런 엄마가 되기를 마음속 깊이 바란다. 더 이상 월급쟁이라는 가난의 굴레를 물려주지 말고 단호하게 끊어라! 엄마가 세상을 보는 시야가 곧 내 아이의 미래다! 엄마의 경제관념이 돈으로 환산할 수 없는 내 아이의 가장 큰 자산이다. 나는 이 땅의 모든 아이들이 어릴 때부터 돈이 얼마나 중요하고, 소중하며, 필요하고, 무서운지를 정확히 깨닫고 그 돈을 다루는 방법을 잘 배웠으면 좋겠다. 그 중심에 전 세계에서 가장 교육열이 높은 대한민국의 엄마들이 있길 바란다. 대한민국 엄마들의 그 교육열이 학교 공부에서 경제 공부로 방향을 바꾸길 바란다. 그래서 장래 희망이 공무원이요, 건물주가 아닌 좋아하는 것을 정말 잘해서 그게 직업이 되고 사업이 되어 모두가 다 행복한 그런 우리가 되었으면 좋겠다.

따라 하면 돈 버는 주식 투자 비법

08

돈이 인생의 전부는 아니지만

돈이 인생의 전부가 아니라고 말하는 사람들이 있다. 돈이 인생의 전부가 아니라고 하는 사람들은 돈 없음을 그렇게 핑계 삼아 하는 말일 뿐이다. 나도 돈이 없었을 때는 그랬으니까. 부자들은 부자인 만큼 우리보다 더 큰 고민과 걱정이 있을 것이라며 위로를 삼곤 했다. 언론에 노출된 대기업들의 재산 싸움이 이슈가 되곤 한다. 그러나 재산 싸움하는 몇몇 대기업들 빼고는 그들의 삶을 가까이서 들여다보면 우리는 상상할 수 없는 삶을 살고 있다. 그들은 더 많은 부를 만들기 위해, 그 부를 유지하기 위해 오늘도 최선을 다해 열심히 산다.

나는 네 아이의 엄마다. 항상 아이들이 원하는 것에 더해 내가 원하는 것을 해주는 엄마가 되기를 꿈꾸었다. 그러나 현실은 절대 그런 엄마로 살 수가 없었다. 돈이 없었기 때문이다.

"애들아, 아껴야 해."
"엄마가 나중에 돈 많이 벌면 사줄게."
"아껴야 잘사는 거야."

나의 부모님께서 그랬던 것처럼 어느 날 나도 내 아이들에게 절약을 강조하고 있었다. 아니, 무조건 아껴야 한다고 교육하고 있는 나를 발견했다.

5남매의 넷째였던 나는 항상 위 3명의 언니에게 옷, 신발 등을 물려받았다. 새것을 입어보고 신어본 기억이 거의 없던 시절이었다. 너무나 갖고 싶었던 머리끈 하나 살 수 없었던 그 시절. 다시는 되돌아가고 싶지 않은, 감추고 싶은 유년의 상처들이다. 그래서 욕심이 많아진 건지, 아니면 욕심이 많아서 갖고 싶은 걸 못 가져 상처로 남았는지는 모르겠다. 나는 유난히 갖고 싶은 게 많았다.

그래서 빨리 돈을 벌고 싶은 마음에 여상을 가게 되었다. 그렇게 대기업에 입사해 나름 잘 쓰고 잘살았다. 그렇게 세월이 흘러 결혼을 했다. 그리고 아이를 낳았다. 나는 내 아이들이 나처럼 갖고 싶은 걸 갖지 못하게는 하지 말아야지 하며 이를 악물고 20여 년 이상을 살았다. 그러나 세상은 그렇게 호락호락하지 않았다.

　나는 힘쓰는 일 외에 돈 버는 일이라면 다 해봤다. 하지만 나아지는 것은 아무것도 없었다. 오히려 아이들이 커 가면서 요구하는 게 더 많아졌다. 엄마로서 아이들이 원하는 것조차도 다 해주지 못하는 나 자신을 보게 되었다. 그런 나를 보면서 정말 남모르게 눈물을 흘린 적도 많았다. 악으로 깡으로 버티며 투잡, 쓰리잡을 하는 그런 삶을 살아왔다.

　이렇게 살아왔던 나였기에 아이들에게 아껴야 잘산다는 말을 하고 있는 내 자신이 너무 싫었다. 내 의지하고 상관없이 나는 그렇게 가난을 대물림하고 있었다. 그래서 더 미친 듯이 돈을 벌고 싶었는지도 모른다. 나는 아이들이 커가면서 돈에 대한 욕망이 더 커지고 있었다.

　어느 날 나의 인생의 최대 목표가 아이들이 원하는 것에 더해 내가 원하는 것을 해주는 엄마가 되겠다는 것이 되었다.

　허리가 안 좋은 나는 어느 날 아는 분 소개로 도수 치료를 받게 되었다.

　"아니, 도대체 무슨 일을 하시기에 몸이 이렇게 안 좋으세요?"

　치료해주시는 원장님께서 밑도 끝도 없이 이야기하신다.

"사장님의 몸은 총체적 난국이네요."

"열심히 운동하셔야겠습니다."

"사장님은 옛날 같았으면 벌써 죽었을 것이어요."

알고는 있었지만 이런 돌직구를 맞으니 많이 아프기는 했다.

"도대체 무슨 일을 하세요?"

얼마나 궁금했는지 치료하면서 계속 질문은 하신다.

"전문 투자자예요."

"운동할 시간이 없으세요?"

"아니요, 제가 좀 게을러요. 하하하."

이런저런 대화 끝에 돈 이야기가 나왔다. 내가 먼저 조심스럽게 이야기했다.

"원장님, 저는 살다 보니 돈이 인생의 99%는 되더라구요. 우리가 살면서 생기는 문제의 99%를 돈이 해결해줘요."

내 이야기를 들으시더니, 원장님께서 말씀하셨다.

"아니요, 저는 돈이 인생의 100%라고 생각합니다, 살다 보니 돈이 많으면 생명도 살리는 것을 봤습니다."

"아, 그러세요?"

"원래부터도 돈이 많았는데, 투자를 잘해서 돈을 엄청 번 지인이 계세요. 어느 날 그분이 암에 걸렸는데, 돈이 있으니 독일로 치료받으러 가더라구요. 한 번 치료 받는 데 1, 2억이 든다는데 몇 번 독일 왔다 갔다 하더니 다 나았다고 연락을 하셨어요. 그러면서 병원비로 10억 정도 쓴 거 같다고 하셨구요."

나는 치료받느라 힘들어 아무 말도 안 하고 듣고만 있었다. 원장님께서 계속 이야기하시는데,

"저는 그때 알았습니다. 돈으로 사람 목숨도 살 수 있다는 것을요. 돈이 있으니 독일에서도 그 분야에 최고의 의사한테 치료를 받아서 더 빨리 나을 수 있었다고 하더라구요."

"맞아요, 어쩌면 우리 삶에 돈이 전부일 수도 있어요."

"어쩌면이 아니고요, 진짜 돈이 전부더라구요. 그래서 그렇게 다들 돈을 벌려고 발버둥을 치는구나 싶어요."

나보다 훨씬 더 많이 살아오신 분이 이렇게 말씀을 하시니 살면서 돈이 얼마나 중요한지 더 뼈저리게 느껴졌다. 내 가까운 지인들만 보더라도 돈이 있고 없고의 차이가 그 가정의 흥망성쇠는 물론 행복까지도 좌지우지함을 여러 번 봐왔던 터다.

항상 아이들이 원하는 것에 더해 내가 원하는 것을 해주는 엄마가 되기를 꿈꾸었던 나로서 지금의 나는 아직 만족스럽지는 않지만 많은 것들을 해줄 수 있는 엄마가 되었다.

가질 수 없었기 때문에 더 갖고 싶었던 그 시절. 할 수 없기 때문에 더 하고 싶었던 그때 그 시절. 갖고 싶은 것을 갖고 싶어 잠 못 이루고, 하고 싶은 거 하고 싶어 몸부림치며 가난한 부모를 원망했던 시절. 그런 시절이 나에겐 깊은 상처로 남아 있다. 그래서인지 정말 아이들에게만큼은 해줄 수 있는 한 최선을 다해서 해주자 했다. 그것이 지금의 나를 있게 한 원동력이 되었던 것 같다.

큰아이가 서울로 대학을 가게 되었다. 처음에는 기숙사 생활을 해야 했다. 그런데 리포트가 너무 많아 밤늦게까지 준비해야 한다고 했다. 그러면서 자신과 달리 리포트가 많지 않은 기숙사 룸메이트들에게 미안해 1층 로비에서 새벽까지 리포트를 쓰는 게 너무 힘들다고 했다. 원룸으로 이사하고 싶다면서 큰아이는 혼자서 원룸을 알아보고 이사까지 했다.

어느 날 서울에 일이 있어 나는 딸이 자취하는 원룸을 가보게 되었다. 그런데 실 평수가 6평 정도 되는 것 같았다. 정말 그 정도일 줄은 몰랐기 때문에 나는 깜짝 놀랐다. 딸이 이런 원룸에서 살고 있다니…. 딸은 이 정도면 정말 좋은 원룸이라며 괜찮다고 했다. 하지만 내가 용납할 수 없었다. 나는 KT에서 운영하는 동대문 리마크빌로 바로 이사하게 해주었다. 그 뒤로 한 번씩 갈 때마다 내 마음은 흡족했다. 지금은 학교 근처의 아파트에서 편안하게 살고 있다.

고등학교를 막 입학한 둘째 딸아이는 공부가 어렵다며 자퇴한다고 했다. 큰아이와는 다르게 공부에 흥미를 느끼지 못하는 것 같았다. 나는 마음껏 놀면서 하고 싶은 거 하라며 태국 치앙마이에 있는 국제학교에 유학을 보내주었다. 원 없이 실컷 놀더니 이제는 공부 좀 해봐야겠단다.

셋째 아들은 유소년 축구 국가대표였다. 그런데 어차피 하는 축구, 유럽 한번 보내주고 싶었다. 그런데 마침 기회가 있어 9박 10일간 스페인의 바르셀로나로 연수를 보내주었다. 직접 갔다 온 스페인은 아들에게 엄청난 동기 부여가 되었다. 아이들이 작은 것을 원하면 나는 더 큰 것으로 해주었다. 그럴 수 있어서 엄마로서 너무 기쁘고 행복했다. 아이들이 엄마는 역시 특별한 엄마라고 할 때마다 뭔가 뿌듯함이 느껴졌다.

나의 버킷리스트 중 하나가 네 아이들과 유럽 배낭여행을 가는 것이다. 2020년 올해가 가기 전에. 아이들이 가까운 일본여행을 원했을 때 유럽 배낭여행을 가자고 말했던 것도 엄마인 나였다. 아이들은 당연히 환호하며 난리도 아니었다. 이제는 배낭여행이 아닌 크루즈로 유럽을 여행한다고 하면 아이들의 반응이 어떨지 나 역시도 무척 궁금하다. 아이들에게 아직 이야기하진 않았지만 아마 상상 이상일 것이다.

나는 가난한 시절에 가난한 집에 태어나 그렇게 살지 못했기 때문에 아이들에게는 항상 최고의 것으로 아니, 최소한 아이들이 원하는 것이라도 마음껏 해주자는 마음으로 여기까지 왔다. 그러나 살아보니 결국은 돈이더라. 돈이 있으니 아이들에게 마음껏 해줄 수 있는 내가 되었다. 인생이 돈이 전부가 아니라고 말하는 사람에게 진정 묻고 싶다. 돈 없이 할 수 있는 게 몇 개나 되는지? 무엇을 할 수 있는지? 그 누구보다도 돈 없이 살아본 나는 단연코 말할 수 있다. 인생에서 돈이 정말 중요하다고. 없는 것보다는 있는 것이, 적게 있는 것보다는 많이 있는 것이 만 배는 더 좋다고.

따라 하면 돈 버는 주식 투자 비법

Chapter 1 부자 되기, 월급만으로는 어림없다

The Secrets of Investment

Chapter 2

월급쟁이가 부자 되는
주식 투자는 따로 있다

남들과 똑같아서는 절대 부자 될 수 없다

금융권에서는 매년 부자와 관련된 리포트를 낸다. 2017년을 기준으로 금융자산이 10억 이상인 사람들을 부자라고 부른다. 한국인구수 5,100만 명 중 16만 명 즉, 0.3%의 사람이 그 기준에 든다. 그렇다면, 만약 우리나라 사람들이 모두 10억 원 정도의 금융자산을 보유하고 있다면 부자가 5,100만 명일까? 아마, 아닐 것이다. 그중 0.3%가 부자가 될 것이다. 그들은 늘 그런 존재였다. 아주 오래전부터 존재했고, 늘 소수였다.

분명히 말하지만 월급만으로는 절대 부자가 될 수는 없다. '옛날 어른들이 그렇게 살았으니 나도 그렇게 살면 부자 되지 않겠어?'라고 생각한다면 큰일 날 사람이다. 그렇다고 미리 겁먹고 포기할 필요는 없다. 분명히 시대의 흐름에 따라 돈 버는 다양한 방법들이 있어 왔기 때문이다. 그 중 하나가 내가 지금 하고 있는 기업의 지분 투자이다. 비록 월급이 적더라도 성장하는 기업의 지분을 사면 된다. 주식을 사고팔라는 것이 아니다. 앞으로 성장성 있는 기업의 지분을 사서 보유하고 있으라는 것이다. 그러려면 어떤 산업이 장기적으로 유망한지, 성장성이 있는 산업인지 그리고 그 산업에서 경쟁력은 있는 기업인지 연구해야 한다. 충분한 대가를 지불하고, 정성을 들여야 한다는 것이다. 그리고 그런 기업들을 골고루 분산해서 월급을 최대한 아껴 지분을 사고 보유하고 있으면 된다.

나는 처음에는 0.3%의 사람이 되고 싶었다. 이 지분시장을 만나서 0.3%가 되려고 노력을 해보았다. 그러나 '주식시장을 주도하는 자', 그들은 바로 '세력'이었다. 그러나 나는 세력이 될 수 없음을 알게 되었다.

이건희 회장 같은 '엄청난 부자'
기관 같은 '주식의 가격을 주도하는 자'–세력
국가기관 같은 '부동산 시장의 흐름을 주도하는 자'–권력
삼성전자 같은 '상권을 만드는 자'–자본력

이들은 내가 될 수 없는 0.3%의 부류이다. 엄청난 자금력과 엄청난 권력, 엄청난 재능으로 시장을 이끌어 가는 부류인 것이다. 나는 아직 엄청

난 부자도 아니고, 주식과 부동산 시장의 가격을 주도할 수도 없다. 또한 상권을 스스로 형성할 수도 없다. 나는 이 사실을 빠르게 인정했다. 20년, 30년, 50년 후에는 혹시 가능할 수 있을지 몰라도 지금의 나는 결코 0.3%의 사람은 될 수 없다.

지금은 상위 0.3%의 사람들처럼 엄청난 부자가 될 수 없지만 경제적으로 자유를 실현하는 사람은 될 수 있다. 주식과 부동산 시장의 가격을 주도할 수는 없지만 흐름을 읽을 수 있는 사람은 될 수 있다. 내가 상권을 만들 수는 없지만 상권을 활용할 수 있는 사람은 될 수 있다. 상위 3%의 사람은 분명 노력하면 될 수 있다. 그래서 나는 가격을 주도하는 세력이 되기보다는 세력의 생각을 읽는 투자자가 되기로 했다.

내가 처음으로 했던 지분 투자는 완전히 실패였다. 아무것도 모르고 누군가의 말만 듣고 덥석 투자했던 게 이유였다. 그 이후 나는 부자가 된 사람들을 공부하기 시작했다. 돈을 공부하기 시작했다. 그리고 그들은 최소한 보통의 사람들과 다르다는 것을 알게 되었다. 그들은 97%와 다른 최소 3%의 사람들이었다.

금융시장의 스승님 이야기를 잠깐 해보겠다. 나의 첫 투자를 실패하고 전국을 돌며 정말 많은 사람을 만났다. 스승님은 그중 한 분이시다. 처음

만났을 때에는 이분이 이렇게 대단하신 분인 줄 정말 몰랐다. 그때만 해도 내 안목이 그분을 알아볼 만큼 높지 않았었던 것이다. 한참 시간이 흐른 뒤 내가 많이 성장한 후였다. 이분과 식사를 하며 많은 이야기를 나누게 되었다. 이때 알았다. 이분은 금융을 통달하고 계시다는 것을. 어떤 투자든 투자하는 게 중요한 것이 아니다. 투자 후 투자한 돈을 수익과 함께 회수하는 것도 굉장히 중요하다. 어쩌면 투자하는 것보다 더 중요하다. 그런데 이분은 그 부분에서 탁월한 방법을 가지고 계셨다. 법을 벗어나지 않는 방법, 법의 테두리 안에서 법을 최대한 활용한 방법이었다. 그동안 원금을 거의 훼손하지 않는 투자를 하고 계셨다. 역시 아는 것이 힘이다. 그리고 아는 만큼 돈도 버는 것이다.

스승님과 식사하며 나눈 대화다.

"스승님은 언제부터 이런 투자를 하셨어요?"
"한 30년은 된 거 같아요."

스승님은 올해 우리나라 나이로 60세이시다. 30년 이상 진행하고 계시는 것에 깜짝 놀랐다. 나는 내가 가장 궁금했던 내용을 물었다.

"어떻게 이렇게 새로운 방식의 투자를 하신 거예요?"

"남들이 하듯이 똑같은 방법으로 투자를 하면 절대 큰돈은 못 벌어요. 그래서 나는 나름대로 다양한 방법을 연구했지요. 누구나 할 수 있는 듯 하지만, 아무나 할 수 없는 투자를 하고 있지요."

누구나 할 수 있지만 아무나 돈을 벌 수 없는 투자가 뭘까? 나도 평생 돈 버는 방법을 배워 스승님처럼 멋지게 살고 싶었다. 나는 너무 배우고 싶었다.

"저도 배우고 싶어요. 어떻게 하면 될까요?"
"일주일에 이틀씩 수업할 수 있겠어요?"

망설일 이유가 없었다.

"네! 저는 무조건 합니다."

이렇게 해서 나는 스승님의 문하생이 되었다. 나는 그분의 문하생이 되기 위해 상상도 못 할 비용을 지불했다. 농담처럼 이야기한다. 이 비용 을 들여 이렇게 많은 시간을 투자해서 공부할 수 있는 사람은 아마 대한 민국에 나밖에 없을 것이라고. 그러나 나는 그 돈과 시간이 하나도 아깝 지 않았다. 그분의 30년 노하우를 나는 짧은 시간에 돈으로 사는 것이니 오히려 돈을 벌었다고 생각했다. 나는 그 정도 대가는 당연히 치러야 한다고 생각했다. 내가 스승님처럼 30년의 시간과 돈을 투자한다면 이만큼만 들었겠는가? 수십 배는 더 들었을 것이다. 그리고 시간은 또 얼마나 버렸겠는가? 결국은 시간이 돈인 세상인데, 그 수고와 노력과 애쓰셨음을 알기에 당연한 대가라 생각하고 스승님의 모든 것을 배우기 시작했다.

스승님은 투자에서도 영원한 블루오션 분야가 있다고 말씀하셨다. 그때 알았다. 투자에도 블루오션 분야가 있다는 것을. 나는 그렇게 스승님께 아무나 하지 않는 투자법을 제대로 배웠다. 스펀지가 물을 빨아들이듯이 말씀 한마디 안 놓치고 다 적으며 집중했다.

스승님은 나에게 돈 버는 것만 알려주신 게 아니다. 상위 1%의 삶도 직간접적으로 알려주셨다. 우리 같은 보통의 서민이라면 상상도 할 수 없는 크리스마스 파티, 연말 파티 이야기. 명절은 물론 수시로 해외로 휴가 떠나는 이야기. 셀 수 없이 많다.

나는 스승님께 금융시장에서 다양하게 투자하는 방법을 배웠다. 투자하면서 절대 손해나지 않는 투자는 있을 수 없는 일이다. 하지만, 최소한 원금을 지킬 수 있는 투자 방법도 있다는 걸 알게 되었다. 법을 벗어나지 않는 범위 내에서 법을 최대한 활용해 투자금을 회수할 수 있는 방법이다.

아무나 할 수 있고 누구나 할 수 있는 투자에서는 부자 되기는커녕 돈 벌기도 쉽지 않다. 장사도 이미 호황인 사업을 레드오션이라고 한다. 주식 투자에서는 장내 주식은 레드오션이고, 나처럼 하는 지분 투자를 블루오션이라고 한다. 아무나 할 수 없고 누구도 할 수 없는 그런 투자를 해야 한다. 투자에 대한 정보를 들으면 대부분의 97%의 사람들은 옆집 엄마한테, 앞집 아빠한테 물어본다. 옆집, 앞집 사람들은 모르면 모른다고 하면 되는데 꼭 한마디를 한다. "그거 하면 큰일 나는 일이니까 절대 하지 마!" 다른 말은 잘 안 들으면서 이런 말은 또 잘 듣는다. 앞집, 옆집 사람들 말처럼 큰일 나는 줄 알고 귀를 꼭 닫아버린다.

이렇듯 사람들은 이 시장에 대해 아무것도 모르는 '그들'에게 물어본다. 그들은 이런 시장이 있는 줄도 모르는 사람들이다. 그들도 그냥 자신과 똑같은 보통의 사람들이다. 부자가 아닌 평범한 사람들. 그들과 똑같아서는 절대 부자가 될 수 없다. 내 주변의 보통의 사람들이 하는 레드오션 투자. 운이 좋으면 돈을 좀 벌 수는 있다. 그러나 큰 부자는 될 수 없다. 주식 투자에서 장내 주식 투자는 레드오션이다. 주식 투자에서 블루오션은 다양하게 투자할 수 있는 지분 투자다.

월급쟁이들이 피해야 할 주식 투자법

월급쟁이들이든 자영업자들이든 돈을 벌기 위해 주식에 투자를 한다. 내 주변에도 돈 벌겠다고 주식에 투자하는 사람들이 여럿 있다. 그러나 이들의 패턴을 보면 안타깝기 그지없다. 참 희한한 게 어쩌면 그렇게 돈을 잃으면서도 변하지 않고 똑같이 하고 있는지….

어느 날 자영업 하시는 Y사장님께서 사무실에 찾아오셨다. 앞에서 말씀드린 그분이다. 그동안 투자했던 종목에 대해 피드백을 해주면서 이런 저런 이야기를 나누었다. 그런데 갑자기 휴대폰을 보여주셨다.

"대표님, 여기 좀 보셔요."
"네, 뭔데요?"

"제가 유료로 장내 주식을 하고 있는데, 거기서 사라고 한 종목을 샀는데 이렇게 수익이 나고 있어요."

수익률 약 30%로 수익금은 1,200만 원 정도였다.

"우와! 대단하시네요, 일부라도 매도하셔요."

"아니요, 유료사이트에서 절대 매도하지 말라고 했어요. 100% 수익 내고 나와야 되는 종목이라네요."

"에이, 그런 종목이 어디 있답니까? 수익 나고 있으니 일부라도 매도하시지."

"아이고, 돈 있으면 더 넣고 싶네요. 와이프 돈까지 다 털어 넣을까 생각 중입니다."

"아무튼 좋은 성과 있기를 바랄게요."

이 말 말고는 할 말이 없었다. 나도 장내 주식을 하고 있지만, 나는 장내 주식에서는 수익 나면 무조건 일부라도 매도해야 된다고 생각하는 사람이다. 시장 특성상 변동성이 너무 크기 때문이다. 수익 나면 일부 매도하고 가격이 빠지면 다시 사면 된다. 그런데 Y사장님은 그 유료사이트를 너무 믿고 계셨다. 나도 기존에 유료사이트도 가입해서 투자했던 경험이 있다. 매장 운영할 때 친구를 통해 장내 주식이라는 것을 처음으로 알게 되었을 때다. 혼자 하려니 힘들어서 정보나 알아볼까 싶어 이곳저곳 인터넷을 뒤지고 있었다. 유료사이트들이 많이 있었다. 한 군데 전화해서 알아보니 회비가 한 달에 70만 원이었다. 너무 비싸다고 했더니 이벤트 기간이라고 하면서 1달 추가해준다고 했다. 지금 생각해보면 회비도 엄청 비쌌는데, 무식이 용감하다고 덥석 가입을 했다. 그 비싼 돈을 주고. 결과는 어땠을까? 회비는 회비대로 날리고 종목은 다 물려서 결국은 손절했다. 이런 경험이 있었기에, 만류하고 싶었다. 수법이 예나 지금이나 변한 게 하나도 없는 것 같다. 처음에 수익 나게 해주는 수법. 이분 역시도 이미 수익이 나고 있는 상황이니 어떤 말도 할 수가 없었다. 아니 내 말을 당연히 안 들을 걸 알기에 아무 말도 하지 않았다. 잘 되기만을 바랄 뿐이었다.

그로부터 약 한 달 정도 후 오후 3시쯤 되었는데, 전화가 왔다. 다급한 목소리의 Y사장님이었다. 올 것이 왔다는 걸 직감했다. 나는 이미 경험자였기에.

"대표님! 어쩌면 좋아요."

"왜요? 무슨 일이세요."

"그때 그 종목이 어제는 하한가 가고 오늘도 거의 20%가 빠졌는데 어떻게 해야 돼요? 와이프 돈에, 신용까지 썼어요."

"일단 다 매도하세요, 내일이면 바로 반대매매 들어올 거니 어차피 팔릴 거 바로 다 매도하세요, 유료사이트에서는 뭐라고 해요?"

"아이고, 그 미친놈들이 아직도 2만 원 간다고 팔지 말라고 그래요. 사실은 3,000만 원까지 수익이 나기에 와이프 돈에 신용까지 쓴 건데, 수익 난 3,000만 원까지 다 마이너스 됐어요."

"일단 전화 끊고 빨리 다 매도하세요."

전화 끊고 종목을 확인해보니 Y사장님이 들고 있었던 그 종목은 거의 50%가 빠져서 4천 몇백 원하고 있었다. 그런데 2만 원 간다고 팔지 말라니….

나중에 다시 통화했는데, 내가 팔라고 할 때 일부라도 팔지 못한 것을 후회하고 있었다. 좋은 경험하셨다고, 더 크게 안 잃은 것만도 감사하게 생각하시라고 위로를 해 드렸다.

내가 유료사이트를 이용도 안 해보고 그 폐해를 말한다면 내 말을 안 들어도 된다. 그러나 대부분의 유료사이트는 아쉬운 점이 항상 있다. 물론 멋지게 수익 잘 내주는 유료사이트도 종종 있기는 하다. 그렇다고 유료사이트의 회비가 싼 게 아니다. 비싼 곳은 한 달에 100만 원 이상인 곳도 많다. 월급 받아서 투자로 돈 벌기는커녕 회비 내다 돈만 날리는 경우를 허다하게 봤다. 이분도 회비가 정확하게 얼마인지는 모르지만 꽤나 비쌌을 것이다. 회비로 돈 날리고, 투자해서 손해 보고. 이렇게 속에서 천불 나는 경우가 또 있을까 싶다.

K라는 분이 생각난다. 이분은 경찰인데 직급은 잘 모르겠다. 아무튼 마을을 돌며 순회하시는 업무셨다. 그때 나는 미용실에서 잠깐 커피 마시며 미용실 원장님과 이런저런 이야기를 하고 있었다. 이분은 마을 순회하시다가 가끔 미용실에 들러서 커피 한잔하고 가신다. 나도 이따금씩 뵀던 분이다. 그 날도 마을 순회 후 미용실에 커피 한잔하러 잠깐 들르셨다. 그런데 가만히 보니 스마트폰으로 삼성증권 앱을 통해 장내 주식을 하고 계셨다. 미용실 들러 커피 마시는 그 잠깐의 시간에도 삼성증권 주식 창을 쳐다보며 우리들의 대화에 아예 낄 생각을 안 하시고 계셨다. 궁금해서 물어보았다.

"주식으로 돈 좀 벌고 계셔요?"

"까먹은 거 복구하려고 하는데 마음대로 안 되네요. 그나마 마을 순회한다고 밖에 나올 때나 잠깐씩 볼 수 있다 보니 매수 매도 타이밍을 자꾸 놓쳐서 많이 힘들어요."

"그래도 참 대단하시네요. 뭐라도 하시고 계시니."

"차라리 주식을 몰랐으면 좋았을 텐데, 어설프게 시작하다 보니 손실이 많이 나서 이러지도 못하고 저러지도 못하고 있네요. 손실 생각하면 잠도 안 오고, 사무실에 있으면 내가 사놓은 것이 오르는지 떨어지는지 궁금해서 집중도 안 되고. 많이 힘드네요."

따라 하면 돈 버는 주식 투자 비법

그 경찰관과 잠깐 나눈 대화다. 나름 부업으로 주식을 해보겠다고 덤벼들긴 했지만 전업으로 하는 게 아니다 보니 타이밍을 놓쳐 계속 손해를 보고 계신다는 것이다. 그러다 보니 주업인 경찰 업무에도 집중이 안 돼 소홀히 하게 되고, 악순환의 연속이라는 것이다.

요즘은 어떻게 하고 계시는지, 그때 도움을 드리지 못한 게 많이 아쉽기도 하다. 이 책을 쓰면서 많은 분들 중에 이분이 생각나서 사례를 들어봤다. 이런 분들이 이분, 한 분뿐일까? 대다수의 월급쟁이들의 현실일 것이다. 월급쟁이들에게 있어서 매달 고정적으로 나오는 월급은 정말 그 무엇으로도 바꿀 수 없는 강력한 힘이 있다. 그래서 직장에 근무하는 사람들은 그 업무 시간만큼은 최선을 다하라는 말을 하고 싶다. 월급이라는 강력한 무기를 버리거나 잃어버리면 안 되기 때문이다. 그리고 아직은 그 월급이라는 강력한 힘이 있어야만 그다음인 투자를 하든, 노후를 준비하든 할 수 있기 때문이다. 만에 하나, 위의 경찰관처럼 책상에 앉아는 있는데 업무에 집중하지 못하고 오줌 마려운 강아지마냥 안절부절못한다면, 모든 상황이 악순환으로 바뀔 수도 있다. 어느 회사가 업무를 잘 해내지 못하는 사람에게 월급을 주고 싶겠는가? 또, 업무에 집중 못 하고 다른 곳에 정신 팔려 있는 사람을 계속 고용하고 싶겠는가? 스스로 경제적인 자유를 얻을 때까지는 현재 하고 있는 일에 집중하고 또 집중해야 한다. 아니, 오히려 월급을 더 올릴 수 있는 방안을 마련해야 한다. 그래야 안정적으로 다음을 도모할 수 있다. 그래서 나는 단순히 거래 차익만을 내는 주식 투자는 절대 말린다. 내 입장에서는 투자가 아닌 투기이기에 더 그렇다. 장내 주식이라도 종목에 대해 제대로 분석해서 투자 결정을 한 다음 최소한 3년 5년 투자할 게 아니면 나는 정말 말리고 싶다. 이것도 저것도 안 되기 때문이다. 두 마리 토끼를 잡는 건 결코 쉬운 일이 아니다.

이런 관점으로 보면 다양한 방법의 지분 투자가 월급쟁이에게는 적격이라고 생각한다. 적금 넣듯이 매월 소액도 가능하고, 크게 신경 쓸 게 없기 때문이다. 주가가 오르락내리락하는 것도 없고 투자 후에 기업가치가 상승하면 상승분만큼 수익으로 찾으면 될 일이다. 모두의 로망인 이렇게 쉬운 투자 방법이 있는데, 스트레스받아 가며 월급마저 위태로운 투자에 더 이상 에너지를 뺏기지 않았으면 좋겠다. 돈 좀 더 벌어보겠다고 더 이상 힘들게 힘들게 살지 않길 바란다.

절세할 수 있는 투자를 하라

월급쟁이든 자영업자든 고소득자들의 화두는 절세다. 그러다 보니 수많은 절세 금융 상품들과 절세할 수 있는 방법들이 지천으로 널려 있다. 그리고 광고도 많이 한다. 세금 돌려받는 보험 상품, 세금 돌려받는 알짜 방법들이 그것이다. 그러나 그 많은 금융 상품들에 다 가입할 수도 없고, 그 많은 방법을 다 이용할 수도 없는 게 현실이다.

과거, 나 역시 월급쟁이 시절, 연말정산은 항상 화두였다. 매년 1~2월이 되면 13월의 월급이라는 등 세금 덜 내는 방법 등 많은 절세 방법들이 언론을 장악했다. 나는 어린 나이에 대기업에 근무했기 때문에 연말정산을 하면 항상 13월의 월급이 아니라 월급이 더 쪼그라드는 13월이었다.

부모님을 부양했던 친구들은 이래저래 환급을 받았지만, 나는 부양가족이 있는 것도 아니고, 궁여지책으로 보험, 세제 혜택 되는 적금도 넣었지만 매년 세금을 더 내야 하는 상황이었다. 그때는 너무 어려서 다들 그렇게 하는 줄 알았다.

최근에는 남편의 연말정산 때만 되면 갑자기 바빠진다. 세후 월 실수령액은 얼마 되지 않지만 근무 연수가 있다 보니 연봉으로 하면 꽤 되기 때문이다. 이것저것 빠진 것 없나 챙기고 한다고 해고 애들이 네 명이어도 환급은커녕 2월 월급에서 세금이 차감되니 참 슬픈 2월이다.

어느 날, 개인투자조합이라는 것을 알게 되었다. 물론 이 지분 투자 시장에 있다 보니, 자연스럽게 알게 된 것이 맞을 것이다. 지분 투자의 한 방법이지만 정말 매력적인 투자다. 가장 매력적인 것은 세제 혜택이 있다는 것이었다. 또 다른 하나는 국가에서 권장하고 있는 투자다. 세제 혜택이 있다는 것 자체가 국가 차원에서 하는 게 아니면 할 수 없다.

세제 혜택이 있는 아주 매력적인 투자인 개인투자조합에 대해 알아보자.

1. 개인투자조합이란?

벤처기업육성에 관한 특별조치법(일명 '벤특법')에 따라 일반 개인들이 공동으로 자금을 출자해 펀드를 조성한 후, 성장성이 높고 유망한 기술창업기업에 투자하는 방식을 말한다.

2. 개인투자조합 설립 필수 요건

① 조합원수 : 49인 이하 사모 방식

② 조합원 자격: 개인 또는 기술지주회사, 엑셀러레이터 등 창업기업 육성을 사업목적으로 두는 법인

③ 조합원의 구성

　가. 업무집행조합원(GP): 개인투자조합의 업무를 집행하는 조합원

　나. 유한책임조합원(LP): 업무집행조합원을 제외한 조합원

④ 1좌당 금액: 1백만 원 이상(조합마다 다를 수 있음)

⑤ 출자금 총액: 1억 원 이상

⑥ 업무집행조합원 출자지분: 5% 이상

⑦ 존속기간: 5년 이상-조합 목적 달성 등 전 조합원 동의 시 해산 가능, 3년 이상 존속시 세제혜택 가능

3. 투자에 대한 소득공제

구분	혜택			
	기존(15.1.1~17.12.31)		현행(18.1.1. 투자부터)	
	투자구간	소득공제율	투자구간	소득공제율
구간별 소득공제	1,500만 원 이하	100%	3,000만 원 이하	100%
	1,500~5,000만 원	50%	3,000~5,000만 원	70%
	5,000만 원 초과	30%	5,000만 원 초과	30%
연간종합소득 중 공제 한도	50%			
공제 가능 투자대상	1. 벤처기업 2. 기술성 우수평가 3년 이내 창업기업 3. R&D 3천만 원 이상 지출, 3년 이내 창업기업			

위의 표에서 보듯 세제 혜택이 생각보다 크다. 이렇듯 정부의 소득공제 지원정책의 영향으로 최근 개인투자조합이 급격히 증가하고 있다. 전통적으로 벤처기업에 대한 투자는 '하이리스크 하이리턴'으로 성공 시에는 대박이 될 수도 있지만 그 성공률이 높지 않다는 인식이 강했다. 그동안 이러한 인식은 벤처 투자를 꺼리는 원인이 되었다. 하지만 벤처기업에 대한 투자를 장려하는 정부의 일환으로 소득공제라는 혜택을 주게 되었다.

즉, 개인 투자자로서는 소득공제 혜택으로 리스크에 대한 일부 헤지 (hedge) 기능을 한다는 것이다. 기존의 1,500만 원 이하였을 때 100% 소득공제가 되었다면, 현재는 3,000만 원까지 100% 세제 혜택이 된다. 또한, 개인투자조합이 5천만 원 이상 투자한 기업은 벤처기업으로 인증이 된다. 그리고 개인투자조합을 통해 투자를 하게 되면 소득공제는 물론 수익에 대한 양도소득세도 비과세 대상이 된다. 월급쟁이든 자영업자든 고소득자라면 안 할 이유가 전혀 없는 투자 방법 중 하나다.

4. 개인투자조합 현황(누적)

구분	11년	12년	13년	14년	15년	16년	17년
조합수	2	13	29	55	89	211	382
결성금액 (억 원)	9	46	321	405	446	1,311	2,022

위의 표에서 보듯이 개인투자조합의 조합 수와 결성금액이 기하급수적으로 늘어난 것을 확인할 수 있다. 즉, 벤처기업 투자 열기가 그만큼 뜨겁다는 것으로 해석할 수 있다. 신탁 또는 투자조합 형태로 벤처기업에 지분 투자를 하면 최소 3,000만 원에 해당하는 소득공제 혜택을 받을 수 있어 인기가 높다.

소득공제는 소득 규모가 클수록 높은 세율이 적용되기 때문에 절세효과가 커서 세율이 높다면 개인투자조합을 통한 소득공제가 유리하다. 이미 의사, 약사 등 고소득자와 대기업 임직원 등 고연봉자들은 절세 방안으로 개인투자조합을 활용하고 있다.

　많은 사람이 절세에 대해 관심이 많다. 절세하는 게 곧 돈 버는 것이라고 생각하기 때문이다. 이왕 절세하려고 마음먹었다면 국가에서 권장하고 있고, 중소기업을 살리는 개인투자조합을 권하고 싶다. 스타트업에 투자를 하지만 세제 혜택은 기본이고, 3년 후 회사가 잘 되었을 때 가져가는 수익 또한 만족할 만하고, 그에 따른 양도소득세도 비과세되기 때문이다. 꿩 먹고 알 먹고, 도랑 치고 가재 잡고, 일석이조, 삼조의 이렇게 좋은 투자가 또 있을까 싶다.

투자로 수익의 파이프라인을 만들어라

돈 버는 시스템은 한 번에 만들어지지 않는다. 사막에서 파이프라인을 구축하듯 많은 시간과 노력이 필요하다. 그러나 분명히 만들어질 수 있음을 믿고 포기하지 않는다면 노동에서 자유를 얻을 수 있다. 또한 사막에서 물 걱정 없이 살 수 있게 된다. 나는 나에게 어떻게 하면 돈을 잘 벌 수 있는지, 자본가의 삶을 살고 있는지 물어오는 사람에게 이 수익의 파이프라인을 만들라고 이야기한다. 그러나 절대 단시간에는 만들어지지 않는다. 사막에서 마르지 않는 물의 파이프라인을 만드는 작업과 같기 때문이다. 평생의 과업이라 생각하고 접근해야 한다. 내 주변도 마찬가지지만 여러분들의 주변에도 주식에 투자하는 사람은 많다. 그러나 돈을 벌었다는 사람은 별로 없다. 기업의 가치에 투자하는 게 아니라 단순히 사고팔고 하면서 시세 차익만을 보고 투자를 반복했기 때문이다.

예전에 책에서 봤던 '파이프라인' 우화가 기억이 나서 발췌해왔다. 아마 투자를 설명하는 가장 유명한 우화일 것이다. 대략적인 내용을 소개하면 다음과 같다.

"성공을 갈망하는 A와 B가 있었다. 둘은 매일같이 서로의 성공을 기원하며 돈을 벌 기회를 찾고 있었다. 그리고 얼마 지나지 않아 두 사람에게 기회가 찾아왔다. 재력가 C가 산꼭대기에서 내려오는 물을 아랫마을까지 가져다주면 한 통당 10만 원을 주겠다고 했다. 열심히 일하면 돈을 벌수 있다는 생각에 A와 B는 아침 일찍 일어나 오후 늦게까지 산을 올라저녁이 지나서야 물 한 통을 가지고 왔다. 매일 10만 원의 돈을 모았던 A와 B의 생활은 행복했다. 그러나 시간이 지나자 문제가 발생했다. 평소건강하고 체력이 좋았던 A는 매일같이 일을 할 수 있었지만 몸이 약했던 B는 한 달쯤 지나자 무거운 통을 가지고 올 엄두가 나지 않았다. A는 매월 300만 원을 벌 수 있었고, 돈을 모아 젖소와 집을 구매할 생각에 들떴다. 그리고 그 시점을 더 빨리 단축하기 위해 '더 큰 통을 가지고 올라가 물을 길어 와야지.'라고 마음먹었다. B는 자신의 몸이 약하다는 사실을 알고, 이 일을 계속할 수 없다고 판단했다. 그래서 어떻게 하면 마을로 물을 쉽게 가져올 수 있을까 고민했고 몇 달이 지나 B는 산꼭대기에서 물이 자동으로 내려오도록 파이프라인을 형성해야겠다는 생각을 한 후 도면을 그리기 시작했다. 그리고 드디어 도면이 완성되자, 기쁜 마음으로 A를 찾아갔다. "내가 정말 엄청난 걸 발견했어! 지금 당장 물을 가지고 오는 것도 좋지만 우리가 시간이 날 때마다 내가 구상해둔 파이프라인을 만들면 나중에는 편하게 돈을 벌 수 있을 거야." 그 말을 들은 A는 생각했다. '흥, 말도 안 되는 소리! 언제 그 공사를 끝내냐? 차라리 나는 그 시간에 쉬었다가 더 큰 물통에 물을 채워 10만 원을 더 버는 게 좋아.' 그렇게 A는 B의 제안을 거절하고 열심히 일을 했다. 마을 사람들 역시 B의 제안을 듣자 말도 안 되는 소리라며 놀리기 시작하였고, A가 옳다고 얘기했다. 그러나 B는 자신의 생각이 옳다는 걸 증명하기 위해 물 긷는 일을 마치고 매일 조금씩 파이프라인을 만들기 시작했다.

처음 수개월 동안은 아무런 진척이 없는 것처럼 보였지만 B는 한 번에 그리고 단숨에 이 일을 할 수 없다는 사실도 이미 알고 있었다. 몇 년이 지나 A는 자신이 타고 다닐 멋진 당나귀도 사고, 집도 구입하였다. 그리고 자신을 이렇게 만들어 준 C에 감사하며 매일같이 산을 오르내렸다. 풍족한 먹거리와 아늑한 집을 갖게 된 A는 남은 돈으로 자신의 삶을 즐기기 시작했다. 일을 마감하면 매일 술을 마셨고, 친구들과 어울리길 좋아했다. 주변 사람들은 그를 성공한 사람이라고 치켜세웠고, 그와 어울려 놀기를 희망했다. 그러다 몇 년이 더 지난 어느 날 A는 충격적인 통보를 받았다. C가 10만 원이었던 물 한 통의 가격을 5만 원만 받으라고 하는 것이 아닌가? 게다가 A는 늙고 지쳐서 젊을 때처럼 매일같이 산을 오를 힘도 없었다. 더 이상 돈을 벌 수 없을 때쯤 A는 갑자기 B가 생각났다. 그래서 B에게 찾아가 보니, B는 아주 풍요로운 삶을 살고 있었다. A는 자신의 몸이 망가지고 늙어서 더 이상 물을 가지고 올 수 없게 되었지만, B는 먹고, 놀고, 휴가를 즐겨도 파이프라인으로 물이 내려와서 돈을 계속 벌고 있었다."

이미 이 우화의 내용을 알고 있는 사람도 있을 것이다. 이 우화는 많은 의미를 내포하고 있다. 여기서 A는 우리 주변의 보통의 사람들이다. 월급쟁이일 수도 있고, 자영업자일 수도 있다. 조금이라도 수입을 더 늘리기 위해 더 큰 물통에 물을 길어 오듯, 업무량을 늘리고 수입이 늘어나면 라이프스타일을 바꾼다. 반면, B는 당장의 수입보다는 수입을 얻는 방법을 바꾸려고 고민했다. 노동수입이 아닌 내가 일하지 않아도 수입이 만들어지는 시스템을 구축한 것이다. B를 통해 봤듯이, 내가 일하지 않아도 수입이 만들어지는 시스템을 구축하기에는 그만큼 시간이 필요하다. 그렇기 때문에 지금부터 고민하고 실천해야 한다. 앞서 많은 사례에서 봤듯 가치 있는 기업에 지분 투자하는 방법을 추천한다. 물론 무수한 실패를 경험할 수도 있다. 또, 사람들이 B에게 했듯, 비웃는 사람들도 분명 있을 것이다.

이 우화는 단순히 수입의 파이프라인만을 이야기하는 것은 아니다. 그 이야기 안에는 투자의 모든 것이 담겨 있다. B가 파이프라인을 만들기 위해 수 개월간 노력했다. 그러나 눈에는 아무런 진척이 없어 보였다. 지분 투자가 그러하다. 투자했다고 해서 바로 수익이 창출되는 게 아니다. 때로는 많은 시간이 필요하다. 그 시간을 견딜 수 있어야 한다. B는 성과가 나오지 않는다고 포기하지 않았다. 멈추지 않고 계속 시간과 정성이라는 대가를 지불했다. 보통의 사람은 투자해놓고 당장 수익이 나지 않는다고 투자를 멈춘다. 그들은 B와 같은 달콤한 풍요를 결코 맛볼 수 없다. B가 건설한 파이프라인은 선택의 결과가 아니다. 또한, 파이프를 샀던 비용의 결과도 결코 아니다. 선택과 비용에 시간과 정성의 결과다. 대부분의 사람들은 선택과 비용에만 집중한다. 아니 연연한다. 절대적으로 필요한 시간과 정성은 절대 생각하지 않는다. 그래서 아직도 그냥 보통의 사람인지도 모른다.

S전자에 다니는 친한 동생이 있다. 어느 날, 내 사무실에 찾아왔다.

"누나, 제가 재테크를 잘해서 상가건물을 하나 장만했는데, 월세가 300만 원 이상이 나와요. 그런데 앞으로는 상가보다는 지분 투자를 해보고 싶은데, 좀 알려주세요."

"똘똘한 줄은 알았는데, 잘했네."

"노후 준비로 상가건물 하나 있으니, 이제는 주식 투자 쪽으로 공부를 해보고 싶어요."

"그래? 그럼 월 2회 진행하는 스터디가 있으니 거기 나와서 공부해 봐."

이렇게 동생의 투자 공부가 시작되었다. 역시 똘똘해서인지 내 말귀를 잘 알아듣는다. 하나를 가르쳐주면 열 개를 알아듣는 동생이 참 기특했다.

"누나, 이렇게 재밌고 멋진 투자가 있었는데 왜 나는 그동안 몰랐을까요?"

"우리나라 분위기가 미국하고 달라서 투자하면 부동산 투자에 집중되어 있는 게 원인이라고 생각해. 봐라, 너도 이미 부동산에 투자를 했잖아."

"그건 그러네요, 이 좋은 투자를 왜 사람들이 안 할까요?"

"일단은 이런 투자를 알긴 알지만 잘못 알고 있는 경우가 많아서 투자보다는 투기로 접근하다 보니 실패를 많이 했거든. 누나도 처음에는 완전 실패했었잖아."

"아! 그렇구나."

"그래도 누나는 이 시장에서 분명히 돈을 벌 수 있을 것이라는 확신이

따라 하면 돈 버는 주식 투자 비법

있었기 때문에 미친 듯이 공부를 했고, 그게 다른 사람들과 내가 다른 점이었지."

이후로도 동생하고 많은 이야기를 나눴다.

"누나, 사실은 다른 사람들은 제가 S전자에 다닌다고 하면 다들 부러워해요, 그런데 정작 저는 언제 잘릴지 몰라 불안하거든요."
"그렇구나, 그래서 그렇게 열심히 재테크를 했구나."
"네, 맞아요, 혹시 모를 원치 않는 퇴사를 대비해서 상가건물도 구입해놓은 거예요, 내가 일을 못 하게 되어도 월급 정도의 수입은 나와야겠다고 생각했거든요."
"역시 똘똘하네."
"그래도 노후가 불안해서 대비해야겠다는 생각은 항상 하고 있었어요, 그런데 지분 투자를 공부해보니 상가건물보다 더 멋지다는 생각이 들어요, 상가건물은 공실이 생길 수도 있고, 시간이 가면 유지보수 비용도 들어가서 아직까지는 괜찮지만 크게 기대는 안 되더라고요. 그래서 노후준비는 지분 투자로 준비를 해 봐야겠어요."

대한민국 최고의 브레인 집단이고 가장 큰 회사에 근무하고 있는 동생조차도 미래를, 노후를 걱정하며 준비를 하고 있다. 불확실성으로 인해 그만큼 세상이 어려워지고 있기 때문이다.

많은 보통의 사람들도 자녀 교육 걱정, 노후 걱정 등을 하고 산다. 그러나 말로만 고민하고 걱정하지 "어떻게든 되겠지." 하고 만다. 그러나 각자의 미래는 그 누구도 책임져주지 않는다. 각자가 책임져야 한다. 월급 이외에 수입의 파이프라인을 만드는 작업은 결코 쉽지 않다. 그러나 나의 미래와 내 자녀의 미래를 생각한다면 지금 조금 힘들더라도 수고를 아끼지 않아야 한다. 나의 가난을 더 이상 자녀들에게까지 대물림하지 않기를 바란다. 지금은 크게 차이가 나지 않겠지만 10년 후 20년 후를 상상해보라. 수입의 파이프라인이 있는 자와 없는 자의 차이를.

부자들이 하는 투자를 하라

　세상의 많은 사람들은 모두가 다 부자가 되기를 원한다. 가난의 끈을 내 대에서 끊어야겠다는 생각도 강하다. 더 이상은 내 아이들이 흙수저 아닌 금수저이기를 바란다. 그러나 돈과 경제, 부자들을 공부하지 않는다. 아니, 부자들이 어떻게 해서 부자가 됐는지에 관심이 없다. 그냥 부모 잘 만나 부자 되었다고만 생각한다. 돈을 많이 벌고 싶으면 돈 공부를 하라. 부자가 되고 싶으면 부자 공부를 하라. 내 자녀들이 금수저이기를 바란다면 부모가 먼저 경제 공부를 해야 한다. 아무것도 하지 않으면서 부자만 되고 싶다면 그게 바로 욕심이고 탐욕이다. 이런 사람들이 사기도 잘 당한다. 부모인 나도 경제 공부, 부자 공부를 안 해서 가난하게 살면서, 내 자녀들이 부자 되길 바라는 것 자체가 사기이다.

나는 상장 전에 투자하고 그 기업이 상장하면 그 차액만큼 수익을 만들 수 있으리라 계획했었다. 그런 나의 계획과는 너무 동떨어진 상황이 된 것이다. 그렇게 나의 첫 번째 지분 투자는 실패로 돌아갔다. 돈 벌려고 시작한 지분 투자가 실패로 돌아가고 말았으니, 정말 잠을 잘 수 없을 만큼 고통스러웠다. 차라리 그 돈으로 아이들이 하고 싶은 것, 갖고 싶은 거나 실컷 해줄 걸 하는 후회가 밀려왔다. 어쩌겠는가, 이미 엎질러진 물인 것을. 나는 이런 현실에도 부자가 되고 싶어서 발버둥을 치며 투잡, 쓰리잡까지 했었다. 또한, 장내 시장에서 추가 수입을 만들어 부자가 되어보겠다고 총, 칼 없는 전쟁터에 나가 장렬히 전사도 해보았다. 또, 지분 투자도 해보았지만 몇 번의 실패를 경험했다.

이런 나의 노력에도 결코 나는 부자가 되지 못했다. '왜? 나는 부자가 될 수 없을까? 이렇게 미치도록 부자가 되고 싶은데, 왜 나는 가난에서 헤어나지 못할까?' 좌절의 순간이 찾아오기도 했다. 끊임없이 자기계발서를 읽으며, 나 자신을 부자로 만들려고 부단히도 노력했었다.

세상에 부자들이 이렇게나 많은데 나도 부자 되는 길이 분명히 있을 것이라고 생각했다. 왜 돈이 나만 피해갈까? 그래서 나는 돈 공부를, 부자 공부를 하기 시작했다. 그런데 내 생각들, 의식들을 보니 내 생각들이 가난할 수밖에 없는 생각을 하고 있었다. 바로 '부자가 되려면 의식을 확장하라!', '부자가 되고 싶으면 부자를 공부하라!', '돈을 많이 벌고 싶으면 돈을 공부하라!' 진정 명답이다.

어느 날 유명한 베스트셀러 작가의 유튜브를 보게 되었다. 내가 공부했던 진짜 부자들의 이야기를 잘 정리해서 알려주었다. 아래의 내용은 〈베스트셀러 작가의 유튜브〉에 나온 이야기의 내용이다. 한국, 유대인, 화교들의 100년 부자들 이야기다.

이들을 오랫동안 연구한 전문가들이 부를 쌓는 법에 대해 연구한 내용이다. 대한민국의 3대째 100년 부자들, 화교 100년 부자들, 유대인 100년 부자들이 어떻게 부를 만들었고 확장해나갔는지에 대한 이야기, 이런 부자들의 가문의 이야기. 부를 쌓는 법, 공통점을 이야기하고 있다. 내가 하고 있는 지분 투자와 비슷한 부분들이 있어서 정리를 해보았다.

"1,000억대 이상의 부자들의 이야기를 들어보면 대한민국의 3대째 부자는 거의 드물다고 한다. 우리나라는 우리나라의 특성상 부자는 다 부동산 부자다. 그러나 이제는 인공지능으로 인해 상가의 시대는 끝나간다. 예전처럼 상가로 재미 보기는 지금은 아니다. 즉, 지금의 부동산 투자는 깔끔한 재테크는 아니다. 기존의 부동산 투자하고는 많이 다르다. 물론 기존의 흐름이 갈 수도 있겠지만, 예전만큼은 아니다. 그럼에도 3대째 부자를 보면 부동산이다. 이유는 예전에는 부동산으로 돈을 벌 수 있었기 때문이다. 유대인, 화교 3대 부자들은 부동산, 주식에 투자를 한다.

3대째 부자들도 주식 투자를 한다. 그러나 이들이 하는 주식 투자는 거래소에서 사고파는 주식 투자가 아니다. 이들의 투자는 보통의 사람이 하는 투자는 아니다.

이들은 엔젤 투자(가장 처음 단계 투자)를 한다. 특히, 화교와 유대인은 엔젤 투자로 유명하다. 이들은 철저하게 사람(대표이사)을 보고 투자를 한다. 그리고 앞으로 이 사람이 이 사업을 몇백 배로 성장시킬 수 있겠다고 판단이 되면, 유대인 3대째 부자들과 화교 3대째 부자들은 과감하게 아낌없이 투자한다. 뒤도 안 돌아보고 투자한다. 그리고 딱 묻어둔다. 10년이고 20년이고 30년이고 기다린다. 대표적으로 유대인들은 이런 투자 문화를 가지고 있다. 화교의 100년 부자도 마찬가지다. 한국의 100년 부자들은 어떨까? 이들도 마찬가지다.

이들은 사람을 보는 눈이 있다. 한국에서 대다수의 보통 사람들은 부자와 접촉할 일이 많지 않다. 그리고 부자를 접촉해도 자신만의 관점으로 그 부자를 바라본다. 다른 나라의 부자들이나 다른 분야의 부자들하고 차이점과 공통점을 보는 눈이 없다. 그러다 보니, 안타까운 일들이 발생한다. '사람 보고 투자한다.'라는 이 말을 인격을 보고 투자한다고 잘못

오해를 한다. 그러나 부자들이 인격을 보고 투자한 경우를 한 번도 본 적이 없다. '이 사람(대표이사)이 앞으로 돈을 잘 벌겠구나!', '이 사업을 이 사람(대표이사)이 시작을 하는데 이 사업이 앞으로 전망이 있다.', '다른 경쟁기업이 없다.', '그런데 이 시장 규모가 어마어마하다.', '이 사람이 이 사업으로 이 시장에 들어가면 당장은 어렵겠지만 10년 뒤에는 30배, 100배 성장은 반드시 가능하다.', '그리고 이 사람(대표이사)은 절대로 이 사업을 포기하지 않을 거고 설령 다른 경쟁자가 들어오더라도 다 이길 수 있는 그런 전투력도 가진 사람이다.', '그래서 이 사람은 투자할 만한 사람이다.' 이게 바로 부자들이 이야기하는 사람을 보고 투자한다는 이야기다.

그러나 일반인들에게 물어보면, 다들 인격을 이야기한다. 신뢰할 수 있는, 거짓말하지 않는 사람. 사기를 치지 않는 사람. 이런 것만 보는데 이것은 너무 당연한 것이다. 이런 사람은 애초에 만나지를 말아야 한다. 이런 사람은 의미 없다. 부자들의 사람을 보고 투자한다는 것은 반드시 나를 부자로 만들어줄 수 있는 사람이라는 것을 본다는 것이다. 그래서 그런 사람에게 1억 투자하면 10년 뒤, 20년 뒤에 100억이 들어오는 것이다. 부자들은 다 이렇게 투자한다. 미국이나 유럽의 100년 부자들 또한 다 이렇게 투자한다. 미국이나 유럽은 투자문화가 발달해 있다. 사업에 대해 관심을 가져라. 그리고 그 사업에 투자하라. 물론 실패할 가능성도 있다.

한국, 유대인, 화교의 100년 부자는 사람을 보고 투자한다. 엔젤 투자는 성공 확률이 30~40% 다. 그런데 이 성공한 3~4군데 회사에서 기본 10배가 나온다. 10곳에 1억씩 투자했다고 가정해보자. 10중에 1곳 정도는 20~30배 이상 성장한다. 투자수익금이 20~30억이 된다. 그래서 정말 만에 하나 10개 중 9개가 다 실패하고 하나만 제대로 성공하더라도 총 투자 수익률은 100~200%가 되는 것이다."

앞서 이야기했던 지인을 잘 기억해보라. 한 종목 가지고 100배의 수익률도 날 수 있는 투자가 바로 지분 투자다. 이런 기가 막힌 투자인데, 시간이 날 때마다 아니, 시간을 만들어서라도 관심 가지고 공부해보라. 기업을 보는 눈을 기르면 된다. 투자하는 사람들을 많이 만나보는 것이다. 10년 정도 공부하면서 투자해보라. 매월 월급 받으면서 얼마든지 할 수 있는 투자 방법이다. 계속해서 들어보자.

"한국의 100년 부자들이 부동산을 다 소유하고 있지만, 그들이 부동산만 가지고 부자 된 게 절대 아니다. 사업을 해서 돈을 벌어서 부동산을 샀다. 그들은 대출이 하나도 없는 부동산을 소유한다. 대출이 들어 있는 부동산은 내 부동산이 아니다. 은행 것이다. 부의 흐름을 깨달아야 한다. 그들이 어떻게 부자가 됐는지 부자들을 공부해야 한다. 유대인의 80%가 뉴욕 건물주들이다. 그들이 무일푼으로 미국으로 건너가서 어떻게 부를 이뤘는지 공부해야 한다. 유대인들처럼 자손 대대로 내가 물려준 부의 원칙과 철학을 물려줘야 한다. 부는 안달할 것이 아니다. 편하게 생각하고 길게 생각해야 한다. 편안한 마음. 나는 분명히 부자가 된다는 마음으로 안달하면 절대 안 된다. 3대째 100년 부자들은 3대 즉, 100년을 보며 느긋하게 기다렸던 사람들이다. 절대 조급해서는 부자가 될 수 없다. 작은 부자는 될 수 있을지 몰라도 큰 부자, 거부는 될 수 없는 것이다."

내가 빨리 부자가 되고 싶어서 안달했더니 돈이 나에게서 멀어져 갔었다. 내가 지분 투자 시장에 있으면서 늘 이야기하는 게 조급해하지 말라는 것이다. 농부가 씨를 뿌리고 바로 수확을 할 수 없듯이, 밥을 안치고 뜸도 안 들였는데 바로 먹을 수 없듯이, 투자는 기다림의 시간이 분명히 필요하다. 내가 투자한 회사가 자라서 제 역할을 할 때까지 기다려줘야 한다는 것이다. 사람이 태어나서 바로 걸을 수 없고 커서 무엇이 될지 알 수 없다. 회사도 마찬가지다. 어떻게 성장할지 그래서 나에게 어떤 수익을 가져다줄지 모른다. 단지 전체적인 상황을 보고 유추해보는 것이다. 즉, 우리가 자녀를 낳아서 키울 때 보이지 않는 미래를 그리며 키우듯 회사의 보이지 않는 미래를 예측해볼 수 있어야 한다.

한국의, 유대인의, 화교의 100년 부자들처럼 보이지 않은 것에 투자할 수 있어야 한다.

그러려면 사람과 회사를 보는 안목이 분명히 필요하다. 그것 또한 학습으로 가능하다. 많이 접해보면 된다. 즉, 많은 직간접 경험을 해보면 된다. 한국의, 유대인의, 화교의 100년 부자들도 했다면 우리도 충분히 할 수 있다. 100년 부자가 될 수 있다. 부자들이 어떻게 투자했는지, 어떻게 해서 부자가 되었는지 그리고 그 부를 어떻게 유지할 수 있었는지 꼭 공부해보길 바란다. 진정 부자가 되고 싶다면.

06

기업의 미래가치에 투자하라

워런 버핏이나 조지 소로스 같은 세계 유수의 전문 투자자들은 항상 이야기하곤 한다.

"지금 시장에서 거래되는 종목을 사고파는 그런 단타 투자가 아니라 미래에 충분히 가치가 있는 종목에 투자하라."

그러면 혹자는 이렇게 말한다.

"그런 종목을 찾을 수 없는데 어떻게 하라는 거냐?"
"그런 종목이 어떤 종목인지 알 수가 없어서 못한다."

우리가 조금만 관심을 가지면 워런 버핏이나 조지 소로스 같은 전문 투자자들이 앞으로 미래에 대해서 이야기하는 것을 볼 수 있다. 2017년 12월경 골드만삭스에서는 세상을 변화시킬 8가지 트렌드를 발표했다. 우리가 조금만 손가락을 움직이면 세계의 모든 뉴스를 찾아볼 수 있다. 그래서 투자 활동을 하다 보면 세상을 보는 안목이 넓어지고, 높아지며, 깊어진다. 그리고 투자의 포인트가 미래가치에 맞춰져 있는 지분 투자는 생각이나 행동이 다른 사람보다 한발 앞서갈 수 있다.

난 e-스포츠와 관련된 A회사에 약 2년 전에 투자했다. 내 나이 또래 이상의 대부분의 사람들은 e-스포츠가 뭐냐고 물어본다. 아마 이 책을 읽는 여러분도 반은 알고 반은 모를 것이다. 우리의 엄마들이 그토록 싫어하는 '게임'이다. 게임을 스포츠라고 한다고 어이없어하는 어른들도 있다. 그러나 요즘 아이들뿐만 아니라 20여 년 전부터 게임을 즐겨했던 지금의 30대, 40대들은 스포츠처럼 즐긴다.

이해를 돕기 위해 e-스포츠에 대해 잠깐 알아보자.

"컴퓨터 통신이나 인터넷 따위를 통해서 온라인상으로 이루어지는 게임을 통틀어 이르는 말이다. 넓은 의미로는 실제 세계와 유사하게 구현된 가상의 전자 환경에서 정신적, 신체적인 능력을 활용하여 승부를 겨루는 여가활동, 그리고 대회 또는 리그의 현장으로의 참여를 비롯해 전파를 통해 전달되는 중계의 관전을 포함하며, 이와 관계되는 커뮤니티 활동 등의 사이버 문화 전반을 말한다. 여기에 덧붙여서 2017년 기준, 세계적으로 3억8천만 명 이상이 인터넷을 통해 또는 대회 현장에서 e-스포츠를 관람하고 있다."

나도 처음에는 무슨 게임이 스포츠냐고 했다. A기업에 투자 결정을 하기 전에 전반적인 e-스포츠 산업 분야를 공부하면서 그 규모가 축구 이상이라는 것을 알았다. 골드만삭스가 말한 세상을 변화시킬 8가지 트렌드에도 e-스포츠가 포함되어 있다. 선수들의 몸값도 우리나라 선수 중에 '페이커 이상혁' 선수는 순수연봉만 약 30~40억 정도 된다. 어른들은 혀를 끌끌 찰 일이지만 세상은 그렇게 흘러가고 있다. 주변의 초, 중, 고 아이들에게 장래희망을 물어보면, 10명 중 5명은 프로게이머라고 이야기할 정도다. 더 충격적인 건 2018년 자카르타-팔렘방 아시안게임에서 시범종목으로 채택이 돼서 경기를 치렀으며, 2022년 항저우 아시안게임에는 이미 정식종목으로 채택이 되었다. 그리고 올림픽에서도 e-스포츠를 정식종목으로 채택하는 부분에 대해 심도 있는 검토가 이루어지고 있다고 한다.

이렇듯 세상은 우리의 의지하고는 상관없이 너무도 빨리 변하고 있다.

그러나 이 지분 투자 시장에 있으면 오히려 한발 앞서 갈 수 있다. 2018년 5월경, A기업에 투자할 당시에만 해도 정말 e-스포츠가 뭔지도 모른 채, 그저 e-스포츠에 열광하는 10대, 20대들을 보며, 또 2018년 아시안게임에 시범종목으로, 2022년 아시안게임에 정식종목으로 채택되었다는 말만 듣고 투자를 했다. 그 후 세상을 보니 투자할 당시 전혀 이해할 수 없었던 상황들이 현실이 되는 것을 보았다. 지금 A기업의 기업 가치를 정확하게 산정할 수는 없다. 그러나 하루 이틀 보고 투자한 게 아니기 때문에 앞으로 이 기업의 가치가 얼마만큼 커질지 기대가 된다.

이런 새로운 산업군에 투자를 진행하려고 할 때는 아무것도 모르기 때문에 아무것도 보이지 않는다. 어쩔 때는 투자할 기업의 대표가 열심히 IR을 하지만 무슨 말이지 도통 이해가 되지 않을 때도 있다. 몇 날 며칠을 고생하며 자료 찾아가며 공부하다 보면 이해가 되고 그 산업의 미래가 보이기 시작한다. 이 기업이 이 산업에서 선두주자인지 후발주자인지, 이 시장에서 살아남아 나에게 수익을 얼마나 안겨줄지를 검증하고 또 검증한다.

VR 관련 기업에 약 18개월 전에 투자를 했다. 말로는 VR, VR 했지만 막상 VR이 실제 어떻게 구현되고 실생활에 어떻게 사용되는지를 이해하기는 쉽지 않았다. 좀 다른 이야기다. 여기에서 거듭 말하지만 e-스포츠나, VR, 그리고 이 책에서 언급했던 종목들을 보통의 평범한, 단편적인 산업으로 이해하지 말기 바란다. e-스포츠나, VR산업을 단순하게 1차원적으로만 생각해서는 안 된다는 것이다. 이 산업들로 인해 만들어질 전 세계 큰 시장을 볼 수 있어야 한다. 물론 하루아침에 되는 것은 아니다. 부단한 노력이 있어야만 가능하다. VR을 보통의 사람들에게 이야기하면 단박에 하는 말이 VR 게임만을 이야기한다. 이런 게 바로 1차원적인 생각이다. 그러지 말라는 것이다.

VR 즉, 가상현실에 대한 이해를 돕기 위해 어학사전에 3가지로 정의를 해놓은 것을 참고하기 바란다.

첫 번째는, 인간의 감각을 이용해서 사이버 공간을 현실처럼 인식시키는 기술이다.

두 번째는, 인공으로 만들어낸 가상의 특정한 공간, 환경, 상황에서 사용자의 오감을 자극하여 실제와 유사한 공간적 · 시간적 체험을 가능하게 하는 기술이다.

세 번째는, 가상으로 존재하는 세계를 현실 세계처럼 실제로 보고, 듣고, 느낄 수 있게 한 것, 즉 존재하지 않으나 사용자의 감각을 통해 체험하는 인공 현실이다.

VR은 플랫폼으로서 못 할 게 없는 분야다. 가장 쉽게 접할 수 있는 단순하게 게임부터 시작을 해서 드라마, 영화, 홈쇼핑, 개인영화관 등 상상할 수 없을 만큼 큰 시장이다. 이 기업에서 VR 북, VR 개인영화관을 이야기하는데 한 번도 접해보지 않아서 머릿속에 절대 그려지지 않아 이해가 쉽지 않았다. 이론으로 공부해서 될 게 아니었다. 한 번도 VR 헤드셋을 써보지 않고, VR 북을 한 번도 접해보지 않은 나에게는 상상조차도 안 되었다. 마침 회사에서 VR 헤드셋 샘플이 나왔다고 연락이 왔다. 회사에 방문해 VR 헤드셋을 써보니 그제야 개인영화관이 이해가 되기 시작했다. 지금도 그 VR 세상을 잊을 수가 없다. 현실과 완전히 단절된 내가 그 VR 세상 안에 있었다.

최근에 MBC 휴먼 다큐멘터리 〈너를 만났다〉에서 VR 특집으로 가상현실 속에서 먼저 하늘나라로 떠난 딸 나연이를 만나는 어머니의 모습을 예고로 봤다. 이 글을 쓰고 있는 지금도 TV 화면 속의 그 장면들이 떠올라 눈물이 난다. 예전에는 먼저 떠난 사람을 추억하는 것은 사진이나 좀 더 최근에는 동영상을 통해서만 가능했다. 그러나 이제는 비록 가상현실이긴 하지만 먼저 떠나보낸 사람과 똑같은 캐릭터가 나와서 대화도 할 수 있는 세상이 온 것이다. 이 특집 프로그램으로 인해 그동안 말로만 들어왔던 VR에 대한 관심도 높아지고 있다.

내가 VR을 단순히 게임으로 국한시키지 말라는 이유도 이런 이유다.

앞으로 VR 시장을 통해 우리 보통 사람의 생각으로는 상상할 수 없는 세상이 펼쳐질 것이다. 나는 VR 헤드셋을 써보고 그 상상할 수 없는 세상을 상상할 수 있었다.

위의 내가 투자한 2개 기업 이외에도 미래의 가치를 보고 투자한 회사가 여럿 있다. AI 관련 기업, 블록체인 관련 기업, 맞춤형 진단 솔루션 기업, 혁신 바이오 기업 등이 있다. 투자할 당시에는 현실성이 떨어지는 건 당연하다. 최소한 1~2년은 앞서가기 때문이다. 그러나 앞서가지 않으면 투자의 의미가 없다. 이미 너무 많은 사람이 아는 것은 정보가 아니고 상식이 되기 때문이다. 많은 사람이 모르고 있을 때 기회가 되고 결과적으로 나에게 많은 수익을 준다. 전 세계시장의 과거와 현재를 모르면 미래를 결코 예측할 수 없다. 그래서 끊임없이 공부해야 하고 세상을 통찰할 수 있어야 한다.

나는 이 투자 시장에 들어오기 전부터 항상 다른 사람보다 앞서가는 생각들을 했다. 한 가지 아이템을 보면 많은 아이디어가 생각나서 다른 사람들에게 이야기하면 항상 무슨 소리냐고 이해할 수 없다고 했었다. 너무 앞서 접근해서 때로는 실패를 맛보기도 했다. 그러나 이제는 나의 그 앞서가는 안목들이 이 투자 시장에서는 최고의 무기가 되었다. 앞으로 정말 투자해보고 싶은 산업군이 있다. 그 산업의 미래와 시장에 대해서 공부하고 있다. 몇 개 기업의 IR 자료를 가지고 공부하고 있다. 앞으로 우리 앞에 펼쳐질 세상을 생각하면 양날의 칼처럼 장점과 단점이 공존한다. 부자를 공부해보니 시대의 흐름 속에서 조금 더 앞서간 사람들이 부를 누렸다. 이제는 이 책을 읽는 여러분과 내가 그 부를 누릴 차례다.

나에게 있어서 가장 좋은 회사는 지금 그 회사의 현재 모양새도 중요하지만 앞으로 나에게 많은 수익을 안겨주는 회사다. 그런 기업을 찾기 위해 지금도 나는 부지런히 손품과 발품을 팔고 있다.

07

저평가된 주식에 투자하라

 세상의 많은 사람들은 한목소리로 이야기한다. 저평가된 기업에 투자해 고평가될 때 팔고 나오라고. 그러면 나는 그렇게 이야기하는 사람들에게 묻고 싶다. "저평가된 기업이라는 것을 어떻게 알 수 있어요?" 물론 알 수 있는 방법이 아예 없는 것은 아니다. 기존의 산업군이라면 동종업계를 비교 분석해보면 알 수 있다. 또 매출이나 영업이익을 가지고 평가하기도 한다. 그러나 신 산업군이나 매출이 없는 기업은 어떻게 평가를 할 것인가? 그래서 공부를 해야 한다. 공부하라는 말 아무리 강조해도 지나치지 않는다. 내 인생을 바꾸고 내 집안이 바뀌고 내 자녀의 수저 색깔이 바뀌는데 그 정도 공부도 안 한다는 건 도둑 심보다. 정말 부를 누리고 싶다면, 부자가 되고 싶다면 그 부를 대물리고 싶다면, 공부하기 바란다. 이 정도 공부하면 서울대, 하버드대도 가겠다 할 정도로 공부하라.

내가 투자 시장에 처음 입문해서 실패했던 경험을 앞서 이야기했다. 실패 후 나는 나의 실패 원인을 분석해보았다. 그때는 왜 실패했는지 정확하게 알기는 힘들었다. 그러나 정신없이 공부하고 나니 왜 실패했는지 너무도 똑똑하게 보였다. 이미 실패한 기업이기에 별로 기억하고 싶진 않다. 하지만 이 책을 읽는 여러분들이 나와 같은 시행착오를 겪지 말기를 바라는 마음으로 이야기해보고자 한다.

E기업 이야기다. 화장품 제조와 유통 판매를 하고 있는 회사다. 지금 생각해보면 어쩌면 이런 회사에 투자를 했는지 내 자신이 참 한심하다. 그래도 이 기업 덕분에 이 시장을 더 깊이 공부할 수 있었으니, 한편으론 감사하다. 이 기업은 정말 아무것도 모르던 그때 투자를 하게 되었다. 내 의지보다는 투자설명회 하시는 분의 감언이설에 속았다는 게 맞을 것이다. 투자한 그해 매출이 100억 이상이고, 3년 후에는 1,700억의 매출이 예상된다고 했다. 그러면서 지금까지 투자한 회사 중에서 수익률로는 1위라고까지 했다. 무식이 용감하다고 정말 아무것도 모르던 때라 그 말만 믿고 덜컥 투자를 했다.

내 기억으로는 아마 투자했던 그해에 매출 100억은커녕 50억 근처도 못 갔던 기억이 있다. 그다음 해에는 매출이 더 쪼그라들었다. 갑자기 멘붕이 왔다.

'어? 이게 뭐지? 분명히 시간이 가면 매출이 오르는 게 정상이 아닌가? 뭐가 문제지?'

지분 투자의 '지' 자도 모르는 내가 스스로 검증이 안 되니 다른 사람 말만 듣고 부화뇌동해서 투자한 것이 문제였다. 누구를 탓할 수도 없었다. 나중에 이 시장에 대해 어느 정도 알고 난 후 그 회사를 분석해봤다. 매출이 거의 없는 회사의 주식 수가 1,100만 주가 넘었고 밸류는 약 500억 이상이었다. 주식만 찍어내 주식 장사만 했던 것이다. 밸류도 엄청나게 높은 밸류(고평가된)에 투자한 상황이었다.

울며 겨자 먹기로 나는 매수가의 4분의 1 가격에 매도를 했다. 수익은 커녕 그 회사에 투자했던 나의 피 같은 시드머니가 4분의 1토막이 되는 순간이었다. 그 이후 나는 다시는 실패하지 않으리라 마음먹고 정말 미친 듯이 공부했다. 전국을 다니며 엔젤 투자자, 전문 투자자 등등 만나며 나의 간접경험과 스펙을 쌓아나갔다. 어느 정도 알고 보니 설사 저평가되었더라도 절대 투자해서는 안 되는 회사였던 것이다. 최근에 와서 보니 그나마 4분의 1 가격에 판 내가 승자였다. 그리고 그 가격에라도 누군가가 사준 게 그저 고마웠다.

지금도 아무것도 모르던 나의 초짜 시절 때처럼 돈 된다고 하니 무조건 투자하는 사람들이 있다. 아무리 귀가 닳도록 이야기를 해도 듣지 않는다. 투자가 아닌 투기를 하는 것이다. 그러니 평생 모아놓은 돈을 순간 다 잃는다. 그리고 나한테 와서 하소연을 한다. 그러면서도 내 말은 안 듣는다. 왜 사람들은 사기꾼들의 감언이설은 잘 들으면서 내 말은 안 듣는 건지 너무 안타깝다. 내가 이 책을 쓰게 된 계기도 그렇게 돈 잃은 사람들에게 다시 한 번 자신의 투자 습관을 되돌아보라는 의미도 있다.

최근의 일이다. 이분(대표님)과의 인연은 2년 전으로 거슬러 올라간다. 4차 산업시대에 없어서는 안 될 꼭 필요한 블록체인에 관심이 많아 관련된 회사를 찾고 있었다. 그때 이분(대표님)을 우연찮게 알게 되었다. 서로 개인적으로 인사를 나눈 것은 아니다. 내가 블록체인 관련된 교육에 참석해서 이분(대표님)의 강의를 들었었다. 이분은 블록체인에 관련해서는 우리나라 권위자 중의 한 분이라고 소개를 했다. 이분(대표님)은 이미 블록체인 회사인 A회사를 차려서 벌써 3년이 되었다고 한다. 나는 2년 전에는 이분(대표님)이 회사를 차린 줄은 전혀 몰랐다.

이분(대표님)은 학자시다 보니 학교에만 계시다고 생각했다. 인연이 되려고 그런 건지 나는 블록체인 관련해서 제대로 된 회사에 투자를 하고 싶었기 때문에 내가 먼저 만나자고 제의를 해서 만나게 되었다. 사실, 블록체인이라고 하면 99%의 사람들이 먼저는 토큰이나 코인을 생각한다. 분산원장이니, 데이터를 저장하는 것 정도 아는 것은 정말 많이 아는 사람이 생각하는 블록체인이다. 그런데 나는 단순히 토큰이나 코인을 말하고 저장 공간만을 생각한 블록체인은 아니라고 생각했기 때문에 이분(대표님)과의 미팅에 기대를 했다. 역시나 내가 생각한 것처럼 블록체인에 대해 완전히 다른 시각으로 바라보고 해석하고 계셨다. 그리고 대표님이 생각하고 있는 로드맵대로 이미 일이 잘 진행되고 있었다. 나는 당장 투자하고 싶다고 이야기를 했다. 감사하게도 많진 않지만 지금 급한 자금이 있다고 하셨다.

기업이 설립을 해서 아무리 잘 나가더라도 성장 단계별로 자금이 필요하다. 보통 엔젤부터 프리IPO까지 각 단계가 나눠진다. 단계별로 정해진 밸류가 있는 건 아니지만 기관들이 정해놓은 일반적인 단계별 밸류가 있다. 이 단계별 밸류를 기준으로 저평가냐 고평가냐를 가늠할 수가 있다. 그렇다고 한마디로 딱 정해서 말할 수는 없다. 왜냐하면, 업종별로도 다 다르고 신산업군인 경우는 또 다른 잣대를 대야 하기 때문이다. 또한, 바이오 업종은 그 종류만도 어마어마하고 기업마다 연구하는 신약의 종류가 다 다르기 때문에 개인이 밸류를 함부로 측정할 수는 없다. 그러나 일반적으로 밸류를 측정하는 기준은 어느 정도 있다.

그래서 보통의 회사에 투자를 할 때는 대표와의 긴밀한 딜이 있다. 내가 생각하고 있는 밸류와 회사대표가 생각하고 있는 밸류는 분명히 다르다. 회사를 생각하는 가치의 차이에 의해서 만들어지는 다름이다. 나는 투자를 할 시점만 보지만 대표이사는 회사를 설립해서 지금까지의 과정을 보기 때문이기도 하다. 대표이사 본인의 그 보이지 않는 수고까지 보상받고 싶은 마음이라고 해야 할까? 그런 데서 오는 차이가 밸류의 차이로 나타나는 것이다. 그래서 대표이사가 제시한 밸류와 내가 생각한 밸류를 맞춰나가는 작업이 긴밀하게 이뤄진다. 그 과정에서 낮은 밸류로 투자가 가능하게 된다. 즉, 저평가된 밸류에 투자할 수 있는 좋은 기회를 만드는 것이다. 또, 회사가 급한 자금이 필요할 때 낮은 밸류에 투자할 수 있는 기회가 생긴다. 예를 들면, 금형을 뜬다든지, 시제품을 만들어야 할 때 자금이 필요하다. 이런 과정 후에 대량 주문이 들어와 양산을 해야 할 때도 급하게 자금이 필요한 경우다. 이런 과정 속에서 기업들은 끊임없이 투자를 받을 수밖에 없다.

블록체인 관련 회사인 A회사는 큰 금액은 아니었지만 급한 자금이 필요했고, A회사에 투자하고 싶었던 나는 서로의 니즈가 맞아 떨어졌다. 그런데 밸류가 문제였다. 서로 고민을 하며 한 번에 밸류 조정이 되지 않았다. 물건을 사는 데 사는 사람은 항상 싸게 사고 싶어 하고, 파는 사람은 항상 비싸게 팔고 싶은 그런 상황인 것이다. 그렇다고 투자하려는 사람이 그 누가 되었든지 대표이사가 제안하는 밸류에 덥석 투자하는 사람은 없다. 최대한 양보하는 방향으로 해서 밸류가 결정된다. 하지만 대부분 급한 사람이 먼저 가서 우물 판다고 결국은 급한 사람이 먼저 제안을 하게 되어 있다. 나는 이런 때가 기회라고 생각한다. 나야 어차피 내가 원하는 밸류가 아니면 다른 곳에 투자하면 되니 상관없다. 결국은 자금이 급한 회사 쪽에서 먼저 제시한다. 그리고 서로 가장 좋은 쪽을 선택한다. A회사도 정해진 기간 내에 정리해야 할 금액이 있었다. 내가 투자해주지 않으면 또 누군가를 찾아 나서야 하는 그런 상황이었다. 그래서였는지 내가 생각하고 있었던 밸류보다 더 낮은 밸류를 먼저 제안해오셨다. 내가 거절할 이유가 없는 밸류였다. 두말할 것도 없이 오케이를 하고 투자를 진행하기로 결정했다. 내가 투자를 결정하고 나서 며칠 후 대표님한테서 연락이 왔다. 일이 마무리가 잘 되어 감사하다는 내용이었다.

솔직히 내가 더 감사하다. 우리끼리 웃으면서 하는 이야기가 있다. 투자를 결정하고 나면 '갑'과 '을'이 바뀐다. 돈줄을 내가 쥐고 있을 때인 투자하기 전까지는 내가 '갑'이다. 하지만 투자를 하고 나면 그때부터는 내가 '을'이 된다. 누가 '을'로 대하는 건 아니지만 스스로 '을'의 위치에 서게 된다. 회사가 잘돼야 되기 때문이다. 그리고 대표이사와 회사를 열심히 응원하고 도와준다. 이렇게 나는 내가 정말 투자하고 싶었던 분야의 대표회사에 정말 상상도 못 할 저평가된 밸류로 투자하게 되었다. 내가 생각하고 있었던 밸류보다 더 낮은 밸류에 투자했으니 앞으로 3년 후 5년 후가 엄청 기대되는 그런 회사다. 이런 투자를 할 때면 전율이 느껴진다. 미래가 보이기 때문이다. 아는 만큼 보이고 보이는 만큼 버는 이 투자 시장이 나는 너무 매력적이라고 생각한다.

08

복리를 활용한 투자를 하라

'복리'라는 단어의 사전적 의미는 '이자 계산 방법의 하나로 일정 기간 이자를 축적하여 원금에 가산시킨 후 이것을 새로운 원금으로 계산하는 방법'이다. 단리의 반대말이기도 하다. 『돈의 원리』라는 책에 보면 이런 이야기가 나온다.

"큰 단위의 돈을 굴리는 갑부가 아니라도, 누구나 성실하게 돈을 불릴 수 있는 방법이 무엇일까? 다 알다시피 은행에 저축해 이자를 받아 돈을 모으는 방법이다. 대부분 경제관념을 배워가는 청소년기 때부터 저축을 시작해서 돈 관리의 기본을 배운다. 아인슈타인은 이렇게 말했다. '복리는 세계 8대 불가사의라, 이해하는 자 복리를 얻을 것이고, 이해하지 못

한 자 잃을 것이다.' 복리에는 눈덩이가 굴러가며 점점 커지듯이 돈이 점점 불어나는 신비한 효과가 있다. 실제로 이걸 눈덩이 효과(snowball effect)라고 부르기도 한다."

간단한 예를 통해 복리의 놀라운 효과와 원리를 알아보자.

여기 2,000만 원의 돈이 있다. 연간 10%의 이자를 지급하며 연 1회 복리가 발생하는 예금 계좌에 정기예금을 한다. 1년이 지났을 때 예금 계좌에는 2,000만 원의 10%인 200만 원의 이자가 지급된다. 2년이 지났을 때는 예금 계좌에 2,200만 원의 10%인 220만 원의 이자가 지급된다. 3년이 지났을 때는 예금 계좌에 2,420만 원의 10%인 242만 원의 이자가 지급된다. 총 2,662만 원으로 복리를 통해 62만 원의 추가 이익이 생겼다. 만약에 이 예금이 단리였다면 2,600만 원만 지급되었기 때문이다.

예를 든 건 2,000만 원이어서 그렇지 예금 금액이 1억 원이고 10억이라고 생각해보라. 단리는 투자자가 적립한 금액에 대해서만 이자를 더해주는 방식이지만, 복리는 이자를 통해 얻은 단리금에서도 지불되는 이자다. 첫해에 발생한 이자가 원금에 더해지고, 원금에 이미 발생한 이자에 2년째에 발생한 이자가 더해지고, 그런 식으로 불어난 금액에 또 이자가 붙는 것이다. 복리를 기본으로 생각하고 있는 우리에게는 놀랍지 않게 여겨질 수도 있다. 은행에서 얻은 '수익'을 그대로 넣어 두기만 해도 거기서 다시 수익이 발생한다니, 아인슈타인 입장에서는 세계 8대 불가사의라고 부를 만하다.

지인 중에 N여사가 있다. 투자에 대해 잘 모르지만 돈에 대한 욕심이 있어서 투자자를 하겠다고 해서 같이 투자 활동을 하고 있다. 큰 금액은 아니어도 꾸준히 몇 종목에 투자를 해놓았다. 그런데 수익이 나면 다 매도해서 써버린다. 항상 이야기하지만 잘 안 듣는다. 돈 벌었다고 필요한 것도 사고, 과소비도 하고… 또 소액 투자하고… 늘 이런 패턴이다.

"아니, 나는 열심히 투자를 하는데 왜 돈이 안모여요? 오히려 돈이 더 없어지는 것 같아요."

어느 날 사무실에 찾아와서 밑도 끝도 없이 그런다.

"수익 났다고 다 찾아가는데 그렇게 써버리는데 돈이 모일 리가 없지요."
"그럼 다른 사람들은 어떻게 해요?"
"꼭 필요한 돈 아니면 당연히 다시 재투자하죠"
"나는 나처럼 수익 나면 다 매도해서 나처럼 쓰는 줄 알았어요."

"내가 항상 이야기했구만! 다 써버리지 말고 재투자하라고, 복리 이용해서 돈 벌자고, 수익 났다고 과소비하지 말라고."

그동안 그렇게 입이 닳도록 이야기했건만 또 엉뚱한 소리를 한다.

"알았어요. 이제는 안 쓰고 재투자할게요."

자기만의 고집이 있는 건 좋다. 하지만, 이런 쓸데없는 고집은 없을수록 좋다. 안 좋은 쪽으로 자기만의 소신이 있는 것은 옆의 사람을 힘들게 하는 요인이 된다.

투자의 귀재 워런 버핏은 이 복리를 가장 잘 이용한 투자자라고 다들 알고 있다. 잘 모르는 사람들은 워런 버핏이 매년 수익률이 100%, 200% 이상 나서 세계 부호 2위에 올랐다고 생각한다. 그러나 워런 버핏의 투자 수익률은 연 25%를 넘지 않았다. 워런 버핏은 철저하게 복리에 의해서 부를 창출해내었다. 워런 버핏은 11살 때부터 투자 활동을 시작했다. 복리를 너무 잘 아는 워런 버핏의 유명한 어록이 있다. '내가 투자를 7살 때부터 시작했더라면 더 큰 부를 이루었을 것이다.' 작은 금액으로 투자하는 사람에게는 4년이라는 시간에 따른 수익금이 크게 차이가 없다. 하지만 큰 자금으로 투자하는 사람에게 약 25% 수익률로 4년이라는 시간은

따라 하면 돈 버는 주식투자 비법

엄청난 수익금에 차이가 있다. 워런 버핏은 바로 이 부분을 이야기한 것이다.

『돈 공부는 처음이라』라는 책을 보면 이런 이야기가 나온다. 복리의 무서운 힘에 대해 너무 적절하게 써놓아서 참고 삼아 봤으면 하는 마음에 가져와봤다.

"1. 한 달 동안 매일 100만 원씩 받기

2. 지금 당장 10억 받기

3. 한 달 동안 매일 2배씩 늘어나는 10원 받기

어느 날 누군가 여러분께 이런 질문을 한다면 여러분은 어떤 선택을 할 것인가? 다양하게 선택을 할 것이다.

1을 선택했다면 3,000만 원을 받았을 것이다.

2를 선택했다면 그냥 10억이다.

3을 선택했다면? 첫날은 10원, 그다음날에는 20원, 그 다음날에는 40원, 그 다음날에는 80원, 그 다음날에는 160원… 30일이 지나면 과연 얼마가 되어 있을까? 한 번씩 꼭 계산해보기 바란다. 직접 계산해보면 복리의 어마어마한 힘을 경험할 것이다. 처음 시작은 10원이지만 30일이

지나면 53억이 되어 있다. 이것이 바로 복리의 힘이다."

- 『돈 공부는 처음이라』

복리에 관한 유명한 일화가 있다. 가장 불공정한 거래로 꼽히기도 하는 이것은, 1626년 미국 원주민과 백인의 맨해튼 거래다. 미국 원주민(인디언)은 백인 이주자에게 맨해튼을 팔고 24달러 상당의 장신구와 구슬을 받았다. 많은 사람들이 불공정하다고 헐값에 땅을 팔았다고 말한다. 하지만 미국의 유명한 펀드매니저 피터 린치는 당시 원주민(인디언)들이 땅값으로 받은 물건을 현금으로 바꿔 연리 8%의 채권에 복리로 투자했을 경우, 360여 년이 흐른 1989년에는 그 가치는 무려 32조 달러에 이른다고 이야기했다.

이 사례는 복리 투자의 매력을 잘 설명해주는 사례라고 할 수 있다. 복리는 투자자가 시간을 자기편으로 만들 수 있는 매력적인 마술이다. 사실, 복리계산은 계산기로도 한참 시간이 걸리지만 72의 법칙을 활용하면 쉽게 복리계산을 해낼 수 있다. 72의 법칙은 투자금액을 얼마 만에 두 배로 늘릴 수 있을 것인가를 계산할 때 쓰인다. 예를 들면, 연 12%의 수익률로 투자하게 된다면 72를 12로 나눈 값, 6년이면 내 투자금액의 두 배로 늘릴 수 있다는 이야기다. 반대로 3년 후, 5년 후에 현재의 돈을 두 배로 만들고 싶다면 매년 몇 %의 투자 수익률을 올려야 할지 알고 싶을 때도 72의 법칙을 활용하면 된다. 72의 법칙은 적절한 수준으로 꾸준한 수익률을 올릴 수 있는 주식에 장기적으로 투자하면 큰 수익을 얻을 수 있다는 교훈을 준다.

나는 처음부터 복리를 생각하고 투자를 진행했다. 내가 생각하는 복리는 변형된 복리이다. 보통 복리는 모든 원금과 모든 수익금을 다 찾아서 다시 재투자하는 방법을 말한다. 하지만 나는 약간 변형시켰다. 돈이 없기도 했기에 가장 효율적인 방법을 택한 것이다. 예를 들어보면, 1억을 가지고 한 종목에 투자하지 않고 10개 종목에 1,000만 원씩 투자한다. 이 10개 종목들이 한날한시에 똑같은 수익이 나는 게 아니다. A종목은 2년 만에 50%가 나올 수도 있고, B종목은 운 좋게 1년 만에 100%가 나올 수도 있다. 어떤 종목은 3년 만에 200%의 수익이 날 수도 있다. 3, 4년이 지나도 수익이 안 나는 종목도 있다. 그러면 이렇게 수익 나는 종목들 중 일부(원금 정도)는 매도해서 또 다른 저평가된 종목에 재투자한다. 이렇게 하다 보면 투자한 종목이 점점 늘어나게 된다. 그 말은 나를 위해 일해줄 기업과 사람이 점점 많아진다는 의미이기도 하다. 나는 이렇게 다양한 기간에 다양한 수익률을 다양하게 활용하고 있다.

워런 버핏은 50년간 투자를 했다. 1억 원을 가지고 연간 10%의 수익을 꾸준히 냈다면 117억 7,272만 원이 된다. 단리로 보면 이자는 연간 1,000

만 원씩 50회로 5억 원이 고작이겠지만(물론 이것도 엄청 많다.) 나머지 112억 7,272만 원은 이자에 이자가 붙어 나온 재투자 이익이다. 단지, 연간 10%의 수익률을 꾸준히 냈다고 해도 복리를 감안한 연간 수익률은 무려 235%의 수익을 꾸준히 올린 투자의 대가가 될 수 있다.

　나 역시 이 복리의 힘을 알기 때문에 끊임없이 이야기한다. 제발 수익 났다고 다 써버리지 말고 다시 원금과 수익금을 그대로 재투자해서 더 많은 수익을 창출하자고. 이 말을 알아듣는 사람과 그렇지 않은 사람의 10년 후는 완전히 달라져 있을 것이다.

The Secrets of Investment

Chapter 3

기업의 지분 투자는
이렇게 하라

투자하기 전에 공부부터 하라 ① 종목

혹시 우리나라의 금융지식 수준이 몇 위 정도 하는지 아는가? 148개국 성인 15만여 명을 상대로 금융 문맹 정도를 조사했다. 인플레이션 · 재정 분산 등 4가지 주제로 질문을 했다. GDP 부동의 1위로 경제대국인 미국은 싱가포르(12위), 체코공화국(13위)에 이어 14위를 기록했다. 한국은 77위를 차지했다. 말레이시아, 가봉, 우간다보다 뒤처진 순위였다. 우리나라가 선진국이라고는 하지만 금융지식 수준에서만큼은 아직도 우간다보다 못하다는 것이다.

어떤 일을 하든 무슨 일을 하든 배우는 것, 공부가 제일 중요하다. 사람들이 조그마한 사무실에 입사하더라도 최소한 그 회사가 무슨 일을 하는지, 내 업무가 무엇인지는 공부하지 않는가? 직장은 그 부분에 대해 아는 만큼, 책임만큼 월급을 주는 곳이다. 배우기 싫다고 아무것도 하지 않으면 월급은커녕 쫓겨난다. 그러나 사람들은 투자하기 전에 공부하라고 하면 벌써 머리부터 아프다고 시도조차도 하지 않는다. 하지만 제대로만 배워놓으면 부자가 될 수 있는 공부다. 또한 나만 부자가 되는 게 아니라 내 자녀에게까지 부를 물려줄 수 있는 공부다. 월급은 비교도 안 될 만큼 돈 버는 일인데 당연히 그 정도는 해야 하지 않을까? 아니 당연히 해야 한다. 공부를 책상에 앉아서 하는 것이라고만 생각하는가? 축구 선수에게는 공 차는 연습이 공부다. 피아니스트에게는 피아노 치는 시간이 공부하는 시간이다. 프로게이머에게는 게임하는 그 시간이 공부하는 시간이라는 것이다. 제발 고정관념에서 벗어나길 바란다.

여기서 말하는 공부는 부지런히 손품, 발품 파는 것이다. 많이 만나고 많이 경험하는 것이 공부다. 물론 투자 관련 책을 통해 당연히 공부해야 한다. 그러나 최소한 내가 투자하려는 종목이 어떤 종목인지 종목 공부는 당연하다. 거기에 더불어 종목이 어느 산업군인지 산업군에 대해서 공부를 당연히 해야 한다.

깊이 있는 학습은 아니더라도 최소한 기본적인 것은 공부하는 게 맞다.

첫 번째는 종목 공부에 대한 이야기다.

1. 내가 투자하려는 회사는 무슨 일을 하는가? 회사의 정체성을 알아야 한다.

예를 들면 전기전자업이고, 제조 유통하는 회사이다. 그렇다면 매출대비 영업 이익률은 몇 % 정도 되는지 알아봐야 한다. 원가는 얼마 정도가 들어가는지, 추후에 원자재 조달에 대한 문제는 없는지 등등 꼼꼼히 체크해야 한다. 이런 제조하는 회사는 원자재가 원활하게 조달이 안 되면 물량공급에 차질이 생겨 도산의 위험이 있기 때문이다. 삼성전자를 보더라도 한 부품당 벤더사가 1개만 있는 경우는 없다. 한 부품당 수십 개 회사의 벤더사들이 존재하는 이유이기도 한다. 그래서 무슨 일을 하는지를 알면 거기에 파생되는 회사의 상황까지 체크해야 한다.

2. 내가 투자하려는 회사의 매출은 있는가? 매출에 대한 공부다.

현재는 없지만 향후 1년 후부터 얼마의 매출이 나올 계획인지, 그 매출 계획의 객관적인 자료에 의한 실효성이 있는지 체크해봐야 한다.

대부분 기업의 IR 자료를 보면 정말 이대로만 된다면 대박이겠다는 생각이 들 정도로 포장을 잘해놨다. 그러나 간과해서는 안 될 게 있다. 과연 그 매출이 가능한가에 대한 객관적인 증거를 꼭 체크해봐야 한다. 예를 들면, 내년부터 매출이 나와서 예상 매출이 100억 원이라면 거기에 타당한 근거가 있어야 한다는 것이다. 내년 3월부터 ○○대기업에 매월 물량을 10억씩 납품하기로 한 계약서 등을 확인하라는 것이다. 계약서 같은 객관적인 자료가 아닌 말로만 하는 것은 절대 믿으면 안 된다.

3. 이 회사가 이 산업군에서 어느 정도 위치까지 오를 가능성이 있는가? 산업군에서의 위치를 공부해야 한다.

아직 시장에서 검증되지는 않았지만 대장주인지, 후발주자인지 체크해봐야 한다. 새로운 산업군에 처음 시도하는 대장주라면 그나마 수익이 날 가능성이 높다. (물론, 앞으로 무조건 될 수밖에 없는 성장 가능성이 있는 산업군이라는 전제하에) 그러나 후발주자라면 말이 달라진다. 이 말은 이 회사의 획기적인 기술의 어떤 한 부분이 될 수도 있다. 화장품 제조유통이라고 가정해보자. 이미 이 산업군은 포화 상태의 시장이 형성되어 있다. 대부분의 투자자들은 레드오션이라고 쳐다도 보지 않는다. 그러나 만일 이 회사가 한 번만 바르면 주름이 싹 없어지는 탁월한 기능을 갖춘 화장품을 개발했다고 하면, 이 회사는 업계에서뿐만 아니라 투자자들에게도 주목을 받는다. 이런 회사라면 투자 검토를 해볼 만하다. 그렇지 않다면 정말 더 꼼꼼히 알아봐야 한다는 의미이다.

4. 동종업계 비교했을 때 투자 밸류는 어떠한가? 내가 투자하는 회사의 밸류에 대해 공부해야 한다.

밸류는 투자자의 수익과 직결되기 때문에 굉장한 객관성을 요한다. 투자하면서 단순히 밸류가 100억 미만이니 "굉장히 낮은 밸류에 투자하는 것이다."라고 이야기하는 사람들도 간혹 있다. 특히나 밸류는 케이스바이케이스이기 때문에 딱 잘라서 말하기는 더더욱 어렵다. 예를 들어보자. 전제는 동종업계다. 매출이 나오는 회사 A와 매출이 나오지는 않지만 3년 후부터는 A회사보다 매출이 더 많이 나올 수 있는 회사 B가 있다고 가정해보자. 그러나 밸류에이션은 똑같이 100억 원이다. 어느 회사에 투자해야 할까? A회사는 현재 밸류를 말하는 것일 가능성이 있고, B회사는 미래의 밸류에이션을 끌어다 말하는 것일 가능성이 높다. 심사역마다 다 다른 생각들을 말할 것이다. 여러분이 투자자라고 생각하고 한번 고민해보기 바란다. 밸류에이션에 대해 단정 지어서 말할 수는 없다. 밸류에이션의 결과는 많은 가정과 주관을 포함하고 있기 때문이다. 즉, 정확한 밸류를 측정할 수 있는 밸류에이션은 없다. 최소한 내가 투자할 기업의 밸류에이션의 타당성은 항상 고민해보고 공부해야 한다. 이 책이 밸류에이션에 대한 책은 아니므로 밸류는 여기까지 하기로 한다. 투자자로서 투자하기에 앞서 우리는 항상 타당한 밸류를 고민해보아야 한다. 밸류에이션은 각자의 마음속에 있기 때문이다.

5. 대표이사와 그와 함께하는 팀원들을 보는 것이다. 어쩌면 가장 중요한 부분이다.

대표이사의 인성은 당연히 기본이다. 이걸 기본으로 하고 대표이사의 마인드를 보는 것이다. 회사에 대한 비전, 목표가 확고한지가 가장 중요하다. 대표이사가 목표한 대로 계획한 대로만 된다면 얼마나 좋겠는가마는 회사는 절대로 대표이사의 목표대로 되지 않는다. 그럼에도 회사를 성공시키고자 하는 대표이사의 의지가 얼마나 중요한지를 대화 중에 체크를 해야 한다. 그리고 대표이사에게 성공의 유전자가 있는가도 본다. 한 번이라도 성공해본 대표들은 성공의 프로세스를 알고 있기 때문에 어떤 회사를 설립하더라도 성공할 확률이 높다. 여러 회사의 경험상 거의 맞는 것 같다. 또 하나는, 대표이사와 함께하고 있는 팀원들이다. 나는 이걸 팀 파워라고 한다. 나름 그 분야의 고스펙인 팀들이 합류해 있는 경우다. 그 정도 스펙이면 대기업에서도 환영할 인재다. 그런데 이런 스타트업에 대표이사와 팀을 이루고 있다는 것 자체를 호재로 본다. 그렇다면 대표이사와 팀원들이 진행하고 있는 프로젝트는 큰 이변이 없는 한 성공 가능성이 굉장히 높다. 그래서 직간접적으로 이런 부분들은 꼭 공부해야 한다.

02

투자하기 전에 공부부터 하라 ② 산업군

앞에서 개괄적인 이야기를 했다. 개괄적인 이야기를 먼저 한 이유는 숲을 먼저 봐야 하기 때문이다. 숲을 먼저 보고 괜찮은 숲이다 싶으면 나무를 하나하나 살펴보면 된다.

이어서 우리가 공부해야 할 부분에 대해 더 이야기해보자. 투자할 종목의 전체적인 산업군이다.

1. 산업의 규모가 1조 이상인지 체크해보아야 한다

보통 시장에서 형성되는 돈의 크기 즉, 시장의 규모가 1조를 넘어가면 하나의 산업군으로 인정을 해준다. 예를 들면, 한국의 남성 화장품의 시장의 크기가 2017년 기준 1조 2,808억 원이다. 1조를 넘기 때문에 화장품 시장 중에서도 남성 화장품도 하나의 산업군으로 인정을 해준다. 이 말을 역으로 하면 아무리 좋은 종목이어도 산업의 규모가 1조가 안 되는 산업군이라면 투자를 쉽게 결정하면 안 된다. 그래서 내가 투자할 종목의 산업군을 꼭 공부해야 한다. 아무리 강조해도 지나치지 않는다.

2. 산업군이 확대될지 사장될지 알아봐야 한다

내가 투자한 종목의 산업군이 앞으로 계속적으로 커져나갈 산업군인지 아니면 앞으로 사장될 산업군인지를 공부해야 한다. 예를 들어보자. 회사만 공부하고 투자를 했다고 가정해보자. 분명히 기업 IR 자료에는 4차 산업군이라고 해서 투자를 했다. 그런데 투자 후에 보니, 그냥 4차 산업 관련된 제조업이었다. 간접적인 관련은 있지만 직접 관련은 없는 회사였다. 이런 경우는 직접 관련 회사의 부품 정도 납품하는 벤더사 정도밖에는 안 될 수도 있기 때문에 투자에 실패할 확률이 높다. 아무리 4차 산업의 열기가 뜨겁다고 하더라도 말이다.

그래서 투자 전에 해야 할 공부 중 종목 공부와 산업군에 대한 공부는 절대로 놓쳐서는 안 된다. 이 외에도 해야 할 공부가 정말 많다. 더해서 그것도 관련 산업군까지 파생해서 공부하면 더 말할 것도 없이 좋다.

주변의 대부분 투자에 실패했다고 한 사람들을 보면 공부하지 않은 사람들이다.

투자에 실패하는 사람들은 눈에 보이는 것만 보고, 믿으려고 한다. 물론 그런 자세가 아예 나쁘다는 것은 아니다. 그러나 반만 맞다. 투자에 성공하기 위해서는 눈에 보이지 않는 것까지 볼 수 있는 통찰력이 필요하다.

이 통찰력은 하루아침에 생기지 않는다. 많은 종목과 산업군에 대해서 공부하는 수밖에는 다른 방법이 없다. 무엇을 하든 많이 직간접적으로 경험해보는 것만큼 좋은 공부는 없기 때문이다.

또 하나, 대부분의 사람들은 본인 스스로 공부하는 게 아니라 다른 사람이 공부한 것에 기대어 투자를 하려고 한다. 내 주변에도 그렇게 투자하여 실패하고, 후회만 하는 사람이 많다. 그러면서 남들이 말하는 돈 벌 수 있는 시장만 좇는다. 정작 전문가가 조언해주면, 이 시장은 돈 벌 수 있는 시장이 아니라면서 외면하고 있다. 그저 안타까울 뿐이다.

"만약 20대로 돌아간다면 무엇을 하고 싶은지 2만 명의 사람들에게 물었습니다. 응답자들의 대답 중 하나가 바로 경제 및 금융에 관한 지식을 교양으로 쌓겠다는 것이었습니다. 직장 생활을 하고 나서 아쉬웠던 부분은 보험, 금리, 주식, 환율의 기본적인 부분을 모르고 초반에 돈을 제대로 관리하지 못했다는 것이었습니다. 일찍부터 경제관념에 눈을 뜬다면 그로 인해 얻게 되는 이익은 30~40대에 조금 더 경제적인 삶의 여유를 가져다줄 것입니다."

페이스북 '인생 공부'의 운영자인 신영준 박사의 말이다.

글씨를 모르면 문맹이라고 한다. 금융을 모르면 '금맹, 돈맹'이다. 문맹은 사는 데 조금 불편할 뿐 먹고사는 데는 지장이 없지만 금융을 모르고 돈을 모르면 생존이 힘들어진다. 우리나라 국민들이 금융 사기(폰지 사기)에 많이 당하는 이유이기도 하다. 앞에서도 이야기했지만 끊임없이 공부하라고 이야기할 것이다.

최소한 내가 투자하려고 하는 종목과 산업에 대해서만큼은 제대로 공부하자!
아는 만큼 보이고, 보이는 만큼 번다. 이것은 진리이다.

03

수익률을 극대화하는 법 ① 장기 투자

"10년 이상 보유하지 않으려면 단 10분도 보유하지 마라."

— 워런 버핏

기다리는 것이다. 즉, 시간의 대가를 치르라는 것이다. 장기 투자다. 아무리 강조해도 지나치지 않는다.

땅이나 아파트, 사업을 산다면 최소한 10년이 지나도 보유할 것이다. 그러나 사람들이 주식 투자라고 하면 다들 며칠 이내에 팔 생각부터 한 다. 주식을 1년 이상 보유한다는 것 자체를 이해를 못 한다. 그러나 주식 도 개발 호재가 있는 맹지를 사서 10년 이상 보유하듯 보유해보라. 아마 도 상상도 못 할 수익을 안겨줄 것이다.

재테크에서 대표적인 투자가 주식과 부동산이다. 그만큼 비교의 대상이기도 하다. 이외에도 다양한 투자가 있다. 금, 선물/옵션, 달러 등 외화, 기타 현물 등이 있다. 이 많은 투자처 중에서 나는 주식, 그중에서도 기업의 지분 투자를 선택했다. 이유는 여러 가지가 있지만, 먼저 재테크의 대표 주자인 주식과 부동산을 비교해보자.

　장기간의 투자 수익률을 비교해보면 단연코 주식이 월등하다. 그러나 지금도 역시 부동산은 대박이고, 주식은 쪽박이라는 인식이 아주 강하다. 이유가 뭘까? 이유를 분석해보았다. 주식과 부동산의 투자 방식의 차이에 있었다.

　부동산을 살 때는 다들 경험했겠지만 심사숙고하며 자신이 할 수 있는 한 최선을 다한다. 그리고 아무리 시장이 흔들려도 최소한 10년은 기다린다. 아니 수익이 날 때까지 기다린다. 그러나 주식은 어떤가? 이 책을 읽는 주식에 단 한 번이라도 투자해본 사람이라면 가슴에 손을 얹고 반성의 시간을 가져보자. 마트 가서 라면 고를 때보다도 더 쉽게 주식을 살 때도 있다. 그리고 조금이라도 손실이 나면 못 견디고 정리해버리고 만다. 아무것도 알려고 하지 않고 그렇게 쉽게 샀으니 내가 산 종목에 대한 신뢰가 하나도 없다. 그러니 버틸 힘이 없는 것이다.

　즉, 부동산은 장기 투자로 주식은 단기 투자가 대부분이다. 부동산은 가격이 조금 떨어져도 눈에 보이지 않으니 크게 요동함이 없는 이유도 있다. 주식은 상장되어 있는 주식이라면 가격이 빠지는 게 한눈에 보이니 당연히 멘탈이 흔들릴 수밖에 없다. 즉. 이러한 차이들이 수익률의 차이를 가져온다.

내가 수익률을 극대화시킬 수 있는 이유는 기업에 지분 투자 기 때문이다. 지분 투자를 한다는 것은 그 회사의 사업을 사는 것이다. 그래서 투자를 해놓으면 부동산에 투자하듯이 주당 가격이 보는 것도 아니기에 오래도록 기다릴 수 있는 것이다. 수익을 극대화할 수 있는 상황을 만드는 것이다.

같은 기간 주식과 부동산의 수익률을 비교해보자.

우리나라의 부동산의 가장 대표 지역인 강남 아파트와 대표 주식인 삼성전자를 단순 비교해놓은 표다. 다음의 표는 많이들 봤을 것이다.

1. 1997년~2004년까지(8년) 상승률 비교

(단위: 만 원)

구분	투자원금	투자기간	기대수익률	세전수익	과세	세후수익	비 고
부동산	20,000	8년	95%	39,000	6,840	32,160	매도시 36% (8,000만 원 초과시), 대출제한, 중과세, 재산세부과 및 종토세, 취·등록세
	상승률 1997년~2004년, 강남 아파트 평균 상승률 95%						
주식	20,000	8년	752%	150,400	301	150,099	매도시 0, 2% (대주주만 과세), 종합소득세
	상승률 1997년~2004년, 삼성전자 주식 상승률 752% (97년:59,100원⇒2004년 428,500원/액면가 5,000원 기준)						

따라 하면 돈 버는 주식 투자 비법

2. 1985년~2005년 까지(20년) 상승률 비교

(단위: 만 원)

구분	투자원금	투자기간	기대수익률	세전수익	과세	세후수익	비고
부동산	20,000	20년	950%	210,000	68,400	141,600	매 도 시 36%(8,000만 원 초과시), 대출제한, 중과세, 재산세부과 및 종토세, 취·등록세
	상승률 1985년~2005년, 강남아파트 평균 상승률 95%*10배=950%						
주식	20,000	20년	6,595%	1,319,000	2,638	1,316,362	매도시 0. 2% (대주주만 과세), 종합소득세
	상승률 1985년~2005년, 삼성전자 주식 상승률 6,595% (85년:8,370원⇒2005년 552,000원/액면가 5,000원기준)						

같은 기간 부동산과 주식 상승률을 비교해보았다. 강남의 부동산 상승률은 950%(자료를 찾기가 쉽지 않아 정말 많이 양보해서 950% 상승했다고 가정함.) 상승한 반면, 삼성전자 주식은 무려 6, 595%가 상승했다. 85년도에 삼성전자 주식을 2억 매수해서 2005년까지 20년을 기다렸다면 131억 원이 되었다는 것이다.

금액이 너무 커서 믿지 않는 사람도 있겠지만, 사실이다. 더 놀라운 건 삼성전자 주식이 제일 많이 상승한 주식이 아니라는 것이다. 우리나라 대표 주식이어서 예를 들었을 뿐이다. 실질적으로 삼성전자보다 롯데칠성이 훨씬 더 많이 상승했다.

여기에서 이 책을 읽는 여러분에게 이야기하고 싶은 게 있다. 부동산이든 주식이든 수익률을 극대화하고 싶다면 장기 투자가 답이다. 일희일비하지 마라. 주식을 부동산처럼 투자했다면 많은 사람들이 부자가 되었을 것이다.

수익률을 극대화하는 법 ② 분산 투자

사례를 하나 더 들어보자. 2016년 상반기 대한민국을 떠들썩하게 만들었던 진경준 검사장의 넥슨 주식 관련한 언론의 내용이다.

"최근 공직자 재산 공개에서 게임회사 넥슨 주식 80만여 주를 처분했다고 신고한 법무부 출입국관리본부장 진경준 검사장이 주식 투자를 통해 120억 원 안팎을 번 것으로 드러났습니다.

진 검사장은 2005년 당시 액면가 5백 원보다 훨씬 비싼 주당 수만 원에 사들였고, 이후 일본 증시 상장 전 주식분할로 주식 수가 100배가 늘어 85만여 주가 됐다며 매입 자금 내역을 당시 공직자윤리위원회에 모두 신고했고 심사 결과 아무런 문제가 없었다고 강조했습니다.

하지만 진 검사장이 상장 전 주식 8,500주를 9만 원에 샀다고 가정해도 주가가 16배 이상 뛰면서 120억 원에 가까운 시세차익을 올린 것으로 분석됩니다. 또 진 검사장이 2~3만 원대에 주식을 샀다면 주가가 50배 가량 뛴 셈입니다.

진 검사장은 그러나 주식을 판 사람의 프라이버시 때문에 상세한 내역을 공개할 수 없다고 밝혔습니다. 구입 경위에 대해서는 2005년 기업 분석 전문 외국계 컨설팅업체에서 일하던 친구가 지인에게서 '해외 이민으로 넥슨 주식을 팔고 싶다.'라는 이야기를 듣고 자신을 비롯한 친구들에게 주식 매입을 제의했다고 밝혔습니다. 이는 진 검사장이 넥슨 김정주 대표와 대학 동기로 개인적으로 친분이 있는 점이 주식 매입으로 이어진 것 아니냐는 관측을 부인한 것으로 풀이됩니다. 아울러 2002년 금융정보분석원 파견 근무 이력 등이 주식 투자와 연관이 있는 것 아니냐는 의혹에 대해 지금껏 공무를 수행하면서, 어떤 보직에서도 주식 매입 회사 관련 업무를 처리하거나, 영향을 미친 적이 없다고 선을 그었습니다.

진 검사장은 최근 공직자 재산 공개 과정에서 2005년 비상장 넥슨 주식을 사들였고, 이후 일본 증시에 상장된 주식 80만 천5백여 주를 지난해 126억여 원에 처분해 37억9천여만 원의 시세차익을 거둔 사실이 드러나 논란이 일었습니다."

– 〈YTN 뉴스〉, "진경준 검사장 '넥슨 비상장 주식으로 120억 수익'", 2016. 03. 21.

따라하면 돈 버는 주식 투자 비법

나는 그 당시 이 주식이 뇌물이냐 아니냐 이런 게 중요한 게 아니었다. 12년 만에 50배의 수익을 냈다는 게 중요했다. 좋은 이미지의 뉴스는 아니었지만, 이 사건으로 비상장주식이 수면으로 올라온 사건이기도 하다. 10여 년이라는 시간을 기다린 결과물인 것이다. 물론 넥슨의 김정주 대표와는 대학동문이기에 회사의 가장 긴밀한 부분까지 정보를 들을 수 있었을 것이다. 10년 넘는 시간을 기다릴 수 있었던 가장 큰 동력이었을 것으로 생각된다. "대표이사가 정보를 계속 주면 나도 기다릴 수 있겠네." 하신 분들도 있을 것이다. 지분 투자의 매력 중 하나가 대표이사와의 소통이 끊임없이 된다는 것이다. 내가 지금까지도 재미있게 투자 활동을 할 수 있는 게 이렇게 대표이사와의 소통이 있기 때문이다. 언론에 노출되기 전에 긴밀한 부분까지 소통이 가능하기에 나 역시도 기다릴 수 있는 것이다.

수익을 극대화할 수 있는 방법 중 다른 하나는 분산 투자다. 수익을 극대화할 수 있으려면 분산 투자해야 한다고 이야기하면 대부분의 사람들은 이렇게 이야기한다.

"나 같이만 분산 투자하라고 해보세요, 아마 나처럼 분산 투자 잘하는 사람도 없을 겁니다."

그러나 그 속을 들여다보면 진정한 분산 투자가 아니다. 투자자마다 각자가 좋아하는 산업군이 있다. 어떤 투자자는 바이오 주를 좋아해서 자신은 분산 투자한다고 다양한 종목에 투자했지만 종목을 가만히 들여다보면 다 바이오 주다. 또 어떤 투자자는 게임 주만 여러 종목 가지고 있는 경우가 있다. 내가 말하는 분산 투자는 산업군에 대한 분산 투자도 해당이 된다. 산업이라는 게 그때그때 트렌드가 있기 때문이다.

　기간에 대한 분산 투자도 해야 한다. 앞에서 내가 장기간 투자해야 한다고 했다. 하지만 모든 종목을 10년 이상 가지고 간다는 것은 굉장히 힘든 일이다. 그래서 기간에 대한 분산 투자도 해야 한다. 짧게는 3~6개월, 1년, 3년, 5년, 10년 그 이상으로 분산해놓는 것도 좋은 방법 중 하나이다. 물론 수익률에 대한 부분도 고려해야 한다.

　또 하나는 자금에 대한 분산 투자다. 예를 들어, 투자자금이 1억 원이 있다고 가정하자. 이 자금을 한 종목에 일명 '몰빵'하면 안 된다. 또, 한 종목에 5,000만 원 투자하고 나머지 5,000만 원으로 5개의 종목에 1,000만 원씩 투자하는 이런 불균형적인 투자보다는, 2,000만 원씩 산업별로 5종목에 분산해서 투자하는 걸 권한다.

　K씨는 약 7억 원을 투자했다. 아무것도 모르고 투자해놓고 보니 답답해서 나에게 찾아왔다. 사실 투자라기보다는 투기다. 투자해놓은 종목을 보니 게임 주 1종목에 3억 정도가 투자되어 있었다. 다른 게임 주에 약 1

억 정도, 나머지 3억이 약 30종목에 투자가 되어 있었다. 이분은 게임 주를 좋아한다고 하셨다. 이분처럼 이렇게 불균형적인 투자를 하면 안 된다는 것이다. 왜 이렇게 한 종목에 몰빵하셨냐고 물어보았다. 게임 주를 너무 좋아하기도 했고, 투자 권유를 했던 사람이 3억을 투자한 그 게임 주를 한 주당 15,000원씩 샀는데 20만 원이 될 것이라고 해서 그렇게 몰빵을 했다고 한다. 참, 20만 원 간다고 사라고 한 사람이나 그걸 믿고 덥석 산 사람이나 안타까울 뿐이다. 그 게임 주가 지금 약 1,500원 정도 하고 있다. 내 입장에서는 남의 말만 듣고 덥석 투자한 K씨의 결정이 아쉬울 뿐이다.

아마도 내가 실패 사례라고 했던 종목들도 정말 좋은 종목이라면 시간이 지나 대박 종목이 될 수도 있다. 그건 아무도 모르는 것이다.

그래서 1년 2년 만에 실패라고 단정할 수는 없다. 우리가 실패라고 하는 것은 오히려 오래 지켜보지 못하고 빨리 팔아버린 경우일 수도 있기 때문이다. 그래서 투자는 절대 빚을 내서도 안 되고, 무리하게 해서도 안 된다. 10년은 없어도 될 돈으로 하는 게 진정한 투자이다. 그리고 최소한 10년은 기다린다는 마음으로 기다리면 분명히 부는 여러분 앞에 바짝 다가와 있을 것이다.

위에 몇 가지 수익을 극대화하는 방법을 이야기했지만 특별한 게 있는 게 아니다. 급하게 돈 벌어야겠다는 마음만 버리면 된다. 조급함이 항상 일을 그르치고, 급하게 먹은 음식에 체하듯 돈 버는 것도 절대 급하게 생각하면 안 된다. 급하게 돈 벌고 싶은 사람이 사기도 가장 많이 당한다. 수익은커녕 내 전 재산이 날아갈 수도 있다. 수익을 극대화시키고 싶다면, 자신 안에 있는 욕심과 탐심을 내려놓으면 된다. 충분히 기다리면 된다.

따라 하면 돈 버는 주식 투자 비법

어떤 종목과 산업군에 투자해야 할까?

카톡! 카톡!

지인이 사진 두 장을 카톡으로 보내왔다. 작년 초로 기억이 된다. 확대해서 보니 기업 검토 보고서였다. 바로 전화가 왔다.

"IT 기업이라고 하는데 투자할 만한 기업인지 검토 좀 해주세요."

누군가가 기업 IR 자료를 보고 요점을 주관적으로 만들어놓은 자료였다. 주당 가격이 2,000원이었다.

"주당 가격이 2,000원이면 비싸네요."

"2,000원이면 비싼 거예요?"

"단순히 주당 2,000원이면 가격만 보고 대부분 사람들은 싸다고 생각하지만, 이 회사의 액면가는 100원이에요, 주당 2,000원 기준으로 보면 시가총액이 1,000억 원이 넘어요."

"……."

"매출은 얼마나 나와요?"

"잘 몰라요."

"이 회사는 IT 기업이라고 했지만 제조업이에요, 요즘은 제조업 거의 투자 안 하는 추세예요, 누가 추천해준 종목이에요?"

"말하면 알아요?"

'하하. 나를 뭐로 보고?'

"말해보세요."

"S씨입니다."

"아~. 잘 아는 분이네요, 그분은 나를 잘 모르겠지만요, 하하하"

"S씨가 추천했다고, 누가 투자 좀 해보라고 하는데 물어볼 데도 없고 해서요."

"누가 종목 준다고 덥석 투자하지 마세요, 나중에 큰일 납니다. 투자의

따라하면 돈 버는 주식 투자 비법

결정은 어차피 본인이 하는 거니 잘 결정하세요."

이렇게 전화를 끊었다. 끊고 많은 생각을 하게 되었다. 어떤 투자든지 초보 투자자들이 한 번씩 겪는 일을 이 지인 또한 겪고 있는 상황이다. 어떤 종목에 어떻게 투자해야 하는지도 모르고 투자를 하겠다니? 아무리 강조해도 지나치지 않는 문장이다.

"내 자산을 지키기 위해서라도 제발 공부합시다!"

어떤 종목에 투자해야 한다고 정해진 것은 없다. 그러나 너무도 좋은 산업군과 종목이 많은데 굳이 제조업에 투자하라고 추천한 이유를 모르겠다는 것이다. 내가 말하는 게 정답은 아니다. 그러나 한 분야에서 굴러먹다 보면 본능적으로 체득되는 것이 있다. 지금 투자하기 좋은 분야가 있다. 지금 투자해서 지금 수익 볼 게 아니기 때문에 향후 3년, 5년, 10년 후를 보고 투자하면 된다.

① 블록체인

블록체인 하면 사람들은 단순히 코인을 사고파는 개념으로만 생각한다. 그러나 블록체인은 앞으로 우리 생활에 없어서는 안 될 기술이다.

"블록체인은 중앙집중기관 없이 시스템 참가자들이 공동으로 거래정보를 기록·검증·보관함으로써 거래정보의 신뢰성을 확보하도록 설계된 분산장부 기술이다. 4차 산업혁명의 핵심 기술로 꼽힌다.

블록체인은 참여자 간 공유(peer to peer) 네트워크가 집단적으로 새 블록을 검증하기 위한 프로토콜에 따라 관리된다. 그래서 만약 누군가 거래기록을 조작하려면 참여자 간 연결된 모든 블록을 새 블록 생성 이전에 조작해야 한다. 즉 일정 시간 안에 수많은 블록을 모두 조작해야 하는데, 이는 사실상 불가능하므로 보안성이 높은 것이다.

블록체인은 새로운 단위 가치의 거래가 오직 한 번만 이뤄짐으로써, 사기행위와 같은 이중 지급 문제를 해결할 수 있다. 또한 블록체인은 중개기관을 거치지 않는 탈중개화가 이뤄지기 때문에 거래비용이 획기적으로 낮아진다.

블록체인은 비트코인·이더리움 등 가상통화 운용의 기반이 될 뿐만 아니라 사용자 인증, 스마트계약, 증권 발행 및 거래, 해외송금 및 자금이체, 무역금융, 부동산등기, 고가품의 정품 인증, 디지털 ID 관리, 전자투표, 개인건강기록 관리 등 여러 분야에서 무한한 혁신 잠재력을 지니고 있다."

위의 내용으로도 봤듯, 블록체인은 4차 산업시대에 보안솔루션으로는 최고이다. 앞으로 우리는 우리가 원하든 원하지 않든 4차 산업시대를 살

아야 한다. 아니, 이전에 산업의 흐름이 바뀔 때 그래왔듯 4차 산업시대
는 우리 앞에 이미 실현되고 있다. 이런 시대에 블록체인을 단순히 코인
거래만을 생각하는 사람이 있다. 그래서 지레 겁먹고 해서는 안 될 것처
럼 생각한다. 주식 단타 거래처럼 단순히 코인 거래만 생각한다면 블록
체인을 전혀 모르는 사람이며, 엄청난 오류를 범하는 것이다. 또한 엄청
난 기회를 다시 한 번 놓치는 것이라고 감히 말하고 싶다. 코인이라는 암
호 화폐를 보라는 게 아니다. 블록체인의 본질에 투자하라는 것이다. 블
록체인산업에 투자한다면 3년 후, 5년 후 여러분의 자산은 분명히 커져
있을 것이다. 앞에서 이야기했던 산업과 종목에 대해 제대로 공부해보라
고 자신 있게 말하고 싶다.

② AI (인공지능)

"인공지능이란 사고나 학습 등 인간이 가진 지적 능력을 컴퓨터를 통
해 구현하는 기술이다. 인공지능은 개념적으로 강 인공지능(Strong AI)과
약 인공지능(Weak AI)로 구분할 수 있다. 강 AI는 사람처럼 자유로운 사고
가 가능한 자아를 지닌 인공지능을 말한다. 인간처럼 여러 가지 일을 수
행할 수 있다고 해서 범용인공지능(AGI, Artificial General Intelligence)이라고도
한다. 강 AI는 인간과 같은 방식으로 사고하고 행동하는 인간형 인공지
능과 인간과 다른 방식으로 지각·사고하는 비인간형 인공지능으로 다
시 구분할 수 있다.

약 AI는 자의식이 없는 인공지능을 말한다. 주로 특정 분야에 특화된 형태로 개발되어 인간의 한계를 보완하고 생산성을 높이기 위해 활용된다. 인공지능 바둑 프로그램인 알파고(AlphaGo)나 의료 분야에 사용되는 왓슨(Watson) 등이 대표적이다. 현재까지 개발된 인공지능은 모두 약 AI에 속하며, 자아를 가진 강 AI는 등장하지 않았다.

약 AI 분야는 많은 진전을 이루었다. 특히 초고밀도 집적회로(VLSI, Very-Large-Scale Integration) 분야와 프로그래밍 분야에서의 큰 진전으로 일본과 미국에서의 인공지능 연구에 대한 노력이 증대되었다. 많은 연구가는 고밀도 집적회로 기술이 진정한 의미의 지능형 기계를 만드는 데 필요한 하드웨어 기반을 제공할 수 있다고 믿고 있다.

현재 지능형 컴퓨터는 병렬처리를 할 수 있는 내부구조로 만들어진다. 병렬처리란 수백만 개의 중앙처리장치(CPU)와 기억장치, 입출력장치가 1개의 작은 실리콘 칩 안에 들어가 있는 집적회로를 여러 개 사용하여 기억·논리·제어 등과 같은 몇 개의 독립된 연산들을 동시에 수행하는 것을 말한다.

디지털 컴퓨터는 이 연산들을 직렬 또는 순서대로 행한다. 즉 별개의 입력회로가 데이터를 각 기억장치에 저장하고 이 기억장치로부터 한 번에 하나의 정보가 중앙처리장치로 전달되어 처리되며 그 결과는 외부 출력장치로 출력된다. 이제까지 개발된 가장 빠른 컴퓨터가 1초에 약 100억 번의 연산을 할 수 있지만 거의 순간적으로 수많은 연상과 일반화를 수반하는 인간의 사고 작용을 흉내 내기에는 아직도 느리다는 것이 일반적인 평가다."

인공지능의 현주소는 딥러닝이라고 해서 단순한 기술적 차원을 넘어 사람처럼 사고할 수 있고 인문, 사회 등 모든 영역에 걸친 패러다임의 변화를 초래하는 단계까지 왔다. 인지, 학습, 추론을 통해 금융, 에너지, 제조, 의료, 교통 등 모든 영역에서 사용하게 된다. 이미 의학계에서는 암을 진단하는 AI가 폐암 진단을 하고 있고, 영상 의학 쪽에서는 CT나 MRI를 AI가 판독하고 있다. 세상은 우리의 생각보다 훨씬 더 빨리 진화하고 있다. 내 일이 아니라고 무시할 수 있는 세상이 아니다. 이러한 세상을 빨리 인지하지 못한다면 어느 순간 AI에 지배당하는 삶을 살고 있을 수도 있다. 미리미리 준비해야 한다. 이러한 세상의 흐름과 그 흐름 속에서 부의 추월차선에 올라탈 수 있는 기회를 잡아야 한다. 이런 게 바로 통찰력이고, 이 통찰력은 하루아침에 만들어지는 것이 아니다. 많은 학습과 많은 경험을 통해 만들어진다.

③ e-스포츠

앞에서 한 번 언급했기 때문에 간단하게 짚고 넘어가겠다. e-스포츠는 이 세상을 바꿀 8대 트렌드 중의 하나다. 앞으로 이 시장이 얼마나 커질지 아무도 예측할 수는 없다. 하지만 아시안게임에 정식종목으로 이미 채택이 되었다. 그리고 올림픽에도 정식종목채택에 대해 논의하고 있다고 한다. 만약 올림픽에서 정식종목으로 채택이 된다면 앞으로 성장성은 무궁무진할 것이다. 또한, e-스포츠에서 파생된 사업까지 생각한다면 아마도 축구시장 이상이 되지 않을까 싶다. 그만큼 앞으로 성장할 수 있는 산업임에는 틀림없다.

④ 자율주행차

자동차, 비행기, 로봇 등 기계 장치가 외부의 힘을 빌리지 않고 자체 장착된 각종 센서와 컴퓨팅 시스템에 의존하여 자유롭게 주행하는 것. 운전자 없이 운행하는 무인 자동차나 무인 항공기, 로봇 주행 등이 자율운행의 대표적인 예다.

현재는 자율주행차가 가장 이슈가 되고 있다.

"자율주행차란 운전자가 핸들, 브레이크, 페달 등을 조작하지 않아도 스스로 주행하는 자동차. 센서를 통해 주변 상황을 파악해 장애물을 피하고 목적지까지 최적의 주행 경로를 선택하여 자동으로 주행한다. 고속도로 주행 지원 시스템, 차선이탈 경보 시스템, 차선 유지 지원 시스템, 후측방 경보 시스템, 차량 간의 거리를 일정하게 유지하게 해주는 어드

밴스트 스마트 크루즈 컨트롤, 자동 긴급제동 시스템 등이 필수적이다.

자율주행 기술은 미래의 스마트 카 시대를 열기 위한 핵심 기술이다. 자율주행 기술 경쟁에서 가장 앞선 구글은 운전자의 개입을 배제한 '무인 자동차'를 추구한다. '구글 카'라고도 불리는 구글 무인 자동차는 비디오 카메라, 방향표시기, 인공지능 소프트웨어, GPS를 통해 정보를 얻은 후, 이를 해석해 스스로 주행한다. 자동차 지붕에 탑재된 센서장비인 라이더는 64개인 원격 레이저와 음파장비, 3D 카메라로 구성되어 있다. 자동차는 이를 통해 주변 환경의 3D 지도를 생성해 사물 간의 거리를 측정하고, 위험을 감지한다.

구글 무인 자동차는 2012년에 시각장애인을 태우고 20만 마일(32만 1,000km), 2014년까지 70만 마일(112만 6,000km)을 주행했다. 구글은 2018년을 1차 무인 자동차 상용화 시점으로 잡았고, 벤츠, 도요타, 현대기아 등 자동차업체들도 무인 자동차 개발에 집중하고 있다."

무인 자동차의 상용화에 대해서는 아직 논란이 많다. 자동차업체들은 구글과는 달리, 운전자의 최종 판단이 필요한 조건적 자율주행을 포함한 '절충적 접근' 방식을 택하고 있다. 기술적으로는 자동차의 컴퓨터 시스템이 해킹당할 가능성이 있다는 점, 지도에 표시되어 있지 않은 도로가 나타나거나 교통신호와 경찰의 수신호가 다를 때처럼 운전자가 자의적으로 판단해야 할 경우가 있다는 점 등이 무인 자동차의 기술적 난제로 꼽힌다. 그럼에도 부분 자율주행차가 곧 나올 예정이다. 나는 현재의 기술력을 보면 걱정하고 있는 부분도 충분히 보완이 되리라고 본다. 아니 오히려 사람이 운전하는 것보다 훨씬 더 안전한 자율주행차를 만들어낼 것이라 생각한다.

⑤ 핀테크

"핀테크(FinTech)는 금융(Finance)과 기술(Technology)의 합성어로, 금융과 모바일 IT 기술이 합쳐진 금융 서비스 산업을 의미한다. 예금, 대출, 자산 관리, 결제, 송금 등 다양한 금융 서비스가 IT 기술과 만나 은행 이용자들에게 보다 더 편리한 이용 방식을 제공하고 있는 것이다.

핀테크 기업은 기존의 인터넷 뱅킹, 모바일 뱅킹과 앱카드 등의 금융 서비스만 다루는 것이 아니다. 고객의 개인 정보, 신용도, 금융 사고 등을 빅데이터 분석으로 정확하게 파악해서 맞춤형 자산 관리 서비스를 제공하는 영역까지 확대되었다."

핀테크는 인터넷을 이용한 사업이라면 어디서든 볼 수 있는 것이 되었다. 단순한 모바일 간편 결제는 물론이고, 메신저를 이용하여 돈이나 선물을 주고받는 서비스나 모금을 통하여 사업을 벌이는 크라우드 펀딩 또한 핀테크의 대표적인 예로 들 수 있겠다.

이처럼 핀테크는 매우 편리한 금융 서비스를 이용할 수 있다는 점이 가장 큰 장점이다. 현재 코로나 19로 인해 사회적 거리두기나 비대면 산업이 확산되고 있다. 이러한 비대면 시대에 꼭 필요한 그리고 앞으로 무궁무진하게 발전할 수 있는 산업이 될 수 있다.

위에서 언급한 5가지 산업군 이외에도 앞으로 성장 가능한 산업군은 많이 있다. 나는 대표적인 우리가 알 만한 산업군을 이야기했다. 특히나 요즘 코로나 19라는 무서운 전염병이 온 세계를 뒤덮으면서 세상은 또 한 번 바뀔 것이다. 비대면 시대가 올 것이다. 비대면 산업이라는 새로운 산업의 시작을 알리는 듯하다. 비대면 시대에 걸맞은 산업들 말이다. 그리고 그에서 파생된 산업들을 잘 공부해보기 바란다.

위의 5가지 산업은 우리가 간과하고 있는 사이에 이미 우리 삶에 가깝게 들어와 있다. 이 산업군들이 앞으로 우리 삶을 어떻게 변화시킬지 충분히 예측이 가능하다. 1999년 설립된 포털 사이트 네이버를 공부해보면 쉽게 이해가 될 것이다. 인터넷이 뭔지도 잘 모르던 그 시절에 네이버라는 사이트가 만들어졌다. 그 누구도 네이버가 이렇게 큰 회사로 성장할지 몰랐다. 오히려 네이버에 투자한 사람들을 비웃었을지도 모른다. 그때 경제적 상황은 IMF를 막 지난 후였기에 더더욱 비관적이었다. IMF 때 IT 기업들이 어마어마하게 도산했기 때문이기도 하다.

그러나 우리들의 생각과는 달리 네이버는 승승장구했고, 그때 네이버에 투자한 사람들은 다 부자가 되었다. 오프라인 시대와 온라인 시대의 흐름을 보라. 우리 어렸을 때는 강산이 10년마다 바뀐다고 했다. 그러나 지금은 어떤가? 1년이 아니라 한 달이면 강산이 바뀐다. 그만큼 빨라졌다. 언제까지 부자 된 사람들만 부러워할 것인가? 또 다시 부러워만 하다 막차 올라타서 총알받이만 할 것인가? 이래도 부자 된 그들이 그저 운이 좋아서 부자가 되었다고 말할 것인가?

우리에게는 수많은 기회들이 있었다. 그러나 알면서도 못 잡았고, 몰라서도 못 잡았던 기회였다. 세상은 10년 주기로 부자가 될 기회를 지속적으로 주고 있다. 눈치채고 이 기회를 잡은 사람은 새로운 신흥 부자의 반열에 올라섰다. 그러나 대부분의 보통 사람은 눈치가 없어서 아니면 무지함으로 인해서 그 기회를 박탈당하며 살아왔다. 어쩌면 아직도 우리가 평범하게 살고 있는 게 무지함으로 인함이 아닐까? 기회는 항상 위기라는 탈을 쓰고 나타난다. 그래서 모르면 무서워 다가갈 수조차 없는 것이다. 우리는 지금껏 그렇게 살아왔다. 그렇게 내 자녀들에게도 새로운 것에 도전하려고 하면 무슨 하늘에서 벼락이라도 맞을 듯이 뜯어말린다. 그리고 부자들이 만들어놓은 회사에 들어가서 현대판 노예 살이를 하라고 등을 떠민다. 그게 안정적인 것 마냥. 내가 모르니 내 자녀에게도 알려줄 게 없고 나보다 더 잘살기를 바라지만 결국은 고작 나와 똑같이 살기를 바란다. 나와 내 자녀들의 더 나은 미래를 위해서라도 꼭 알아야 하고 공부해야 한다.

    지금 코로나 19로 인해서 온 세상이 공포에 휩싸여 있다. 그러나 그 누군가는 이런 위기가 기회라고 생각하고 그 기회를 호시탐탐 노리고 있다. 이 책을 읽는 여러분도 이제는 더 이상 겁먹지 마시길 바란다. 어떻게 해야 할지 정말 모르겠으면 전화하라. 잘 알려주겠다. 그리고 위의 5개 산업군만이라도 꼭 공부해서 부의 추월차선에 올라타는 영광을 누려라. 그리고 개발 호재를 가지고 있는 맹지를 사놓은 마음으로 기다리면 된다. 어느 날 부자가 되어 있을 것이다.

06

지분 구조를 반드시 체크해보라

개인이든 기관이든 투자를 할 때 회사에서 제공하는 IR 자료 이외에 객관적인 자료를 꼭 찾아본다. IR 자료는 회사에서 제공하는 것이기 때문에 객관적인 자료라기보다는 대표이사의 목표와 의지가 담겨 있는 자료라고 할 수 있다.

그래서 투자할 기업의 재무제표와 유료로 제공하는 기업 리포터는 필수로 찾아서 검토한다. 투자 전에 그냥 형식적으로든 의무적으로든 무조건 찾아본다. 처음에 투자에 실패한 이유가 이것을 안 찾아봐서라고 하기에는 무리가 있지만 이것만 찾아봤어도 실패 확률을 줄이지 않았을까 하는 생각이 들 때가 있다. 그만큼 투자에서 객관적인 자료를 찾아본다는 것은 매우 중요하다.

그러나 재무제표를 검토해본다고 해서 투자를 쉽게 결정할 수 있는 것도 아니다. 스타트업 회사들은 그만큼 눈에 보이는 게 아무것도 없기 때문이다. 부동산으로 보면 앞으로 개발 가능성을 보고 맹지를 사는 것과 같은 이치다. 먼 훗날 개발되어서 몇십 배의 수익을 예상하고 아무것도 보이지는 않는 맹지에 투자하는 것과 같다. 시리즈 투자를 하는 기업이 이와 같다. 그럼에도 재무제표를 봐야 하는 이유가 있다. 재무제표는 그 회사의 건강 상태를 보는 것과 같기 때문이다. 사람도 체력이 건강한 사람은 지금 약해 보여도 열심히 운동하면 체력과 체격이 좋아지듯 회사도 마찬가지다. 지금 당장 매출이 나오지는 않더라도 회사의 체력인 재무 상태가 건강하다면 얼마든지 매출이 나올 수 있는 상황을 만들 수 있기 때문이다.

　　주주가 되려면 그 다음 봐야 할 부분이 지분 구조다. 지분 구조는 나중에 경영권 분쟁에 대한 이슈가 있기 때문에 반드시 체크해야 할 부분이다. 지분 구조를 보라는 말은 주주 구성을 보라는 말이다. 대표이사와 주주와의 지분 관계를 꼭 확인해야 한다.

　　다음의 표를 보면서 왜 지분 구조가 중요한지 알아보자.

표1

회사 A	대표이사 33%	이사 33%	투자자 34%
회사 B	대표이사 50%	이사 30%	투자자 20%
회사 C	대표이사 100%		

표2

보통결의	발행주식 총수의 1/4 참석 And 출석한 주주의 2/1 찬성 선임가능
특별결의	발행주식 총 수의 1/3 참석 And 출석한 주주의 3/2 찬성 해임가능

주식회사에서는 매년 결산을 하고 감사보고서를 주주들에게 의무적으로 알려야 한다. 공식적으로 알리는 게 주주총회이다. 주주총회는 정기주주총회와 임시주주총회가 있다. 정기주주총회는 매년 결산기에 소집되어 이사의 영업보고를 받는다. 또한, 재무제표를 승인하고, 이익 또는 이자의 배당 등의 결의를 한다. 임시주주총회는 수시로 소집되는 총회를 말한다. 위에 표2에서 보듯 대표이사의 선임이나 해임도 주주총회에서 결정이 된다.

표2를 보자. 주주총회에서 결의를 할 때 보통결의와 특별결의가 있다. 재무제표 승인 같은 것은 보통결의에 해당된다. 보통결의를 선임이 가능한 결의라고 한다. 그러나 대표이사의 해임 같은 중대한 사항은 특별결의에 해당된다. 특별결의를 해임이 가능한 결의라고 한다. 보통결의

는 발행주식 총 수의 4분의 1 출석 즉, 25% 이상 출석하고 출석한 주주의 2분의 1이 찬성하면 된다. 그러나 특별결의는 발행주식 총 수의 3분의 1 출석 즉, 33% 이상 출석하고 출석한 주주의 3분의 2가 찬성해야 한다. 두 개가 다 충족되어야 결의가 된다.

표1을 보며 왜 지분이 중요한지 공부해보자.

회사 A의 경우를 보자. 그냥 보면 어떤가? 지분을 공정하게 잘 분배해 놨다고 생각할 수 있다. 그러나 이런 경우는 방향성이 없는 경우다. 즉, 문제가 있을 가능성이 많다. 회사 A의 경우 만약에 투자를 진행할 것 같 으면 지분 정리가 꼭 필요하다. 그렇지 않으면 배가 산으로 갈 가능성이 많기 때문이다. 회사 A는 대표이사의 선임도 가능하지만 해임도 가능하 다. 이사와 투자자가 대표이사도 해임할 수가 있다는 뜻이다. 지분 구조 를 제대로 확인하지 않고 투자를 했는데, 나도 모르는 사이 대표이사가 다른 사람이 되어 있을 수도 있다. 이사와 나 아닌 다른 투자자가 힘을 합치면 선임은 물론 해임도 가능하기 때문이다.

회사 B의 경우를 보자. 대표이사 지분이 50%이니 해임은 불가능하다. 그러나 선임이 가능하다. 즉, 또 다른 대표이사를 선임할 수 있다. 대표 이사가 둘이 된다는 뜻이다. 한 회사에 대표이사가 두 명도 가능하다. 새 로 선임한 대표이사에게 모든 업무를 맡겨버린다면 내가 믿고 투자한 대표이사는 스스로 그만둘 수밖에 없을 것이다.

회사 C의 경우를 보자. 위의 회사 A와 회사 B에서 생길 가능성이 있는 선임과 해임에 대한 문제는 없을 것이다. 설립한 지 얼마 되지 않은 회사가 아니라면 대표이사 지분이 100%인 경우는 거의 없다. 그럼에도 대표이사 지분이 100%라면 지분을 나누기 싫어하는 스타일일 수도 있다. 아니면, 내가 투자를 했는데 나도 모르게 대표이사의 지분을 다른 투자자에게 팔 수도 있다. 그렇게 된다면, 결국은 회사 A와 회사 B의 경우와 다르지 않기 때문에 이런 경우는 계약서를 쓸 때 Tag along 조건으로 쓰면 된다.

이렇듯 지분 구조는 중요하다. 대표이사를 보고 투자했는데, 나도 모르는 사이 대표이사가 해임돼서 새로운 사람이 선임되는 경우도 있다. 그리고 이런 경영권 분쟁에 대한 이슈로 법적 공방까지 가게 된다면 회사가 파산할 수도 있기 때문에 지분 구조를 확인하는 것은 정말 중요한 일이다.

J기업에 대한 이야기다. 이 기업은 몇 년 전부터 문제가 있었는데 작년 가을부터 그 문제가 불거지기 시작했다. 주주대표단과 회사 측과의 법적 공방이 있었다. J기업의 소액주주이셨던 분에게서 연락이 왔다. 나는 이

기업의 주주가 아니어서 자세한 내용은 알 수가 없고 들리는 소문으로만 약간은 알고 있었다.

"J회사하고 J회사 주주대표단이 등기우편물을 보냈는데, 무슨 내용인지 봐줄 수 있어요?"
"네, 사진 찍어서 보내보세요."

내용을 보니 주주대표단에서 회사의 비리를 밝히겠다고 소송을 걸어놓은 상태였고 임시주총을 진행하니 위임장을 써달라는 내용이었다. 그리고 회사에서는 반대로 주주대표단의 부당한 행위에 대한 내용과 앞으로 회사의 나아갈 방향에 대한 내용으로 회사도 임시주총에서 의결권 있는 주식 수가 필요하니 위임장을 써달라는 내용이었다.

어느 쪽 손을 들어줘야 하는지 물어온다. 나는 그 회사의 정확한 상황은 알 수 없었으나, 양쪽에서 보내온 문서를 확인해보면 서로 잘한 건 없어 보였다. 이런 상황에 내가 만약에 그 회사의 주주라면 나는 당연히 회사 편이다. 이유는 어쨌든지 대표이사가 그 회사에 대해서 가장 잘 알 것이고, 그 회사를 지금까지 일궈온 사람이기 때문이다. 또한 대표이사는 회사가 가지고 있는 아이템에 대해 가장 잘 활용할 수 있는 사람이기 때문이기도 하다.

나중에 확인해보니 주주대표단에서는 작년 가을부터 이미 대표이사

해임을 하려고 미리 준비를 하고 있었다. 회사에서는 짧은 시간에 이에 맞서 위임장을 받는다고 받았는데도 의결권 있는 주식 수가 부족해서 결국은 대표이사가 해임되었다고 한다. 위의 회사 A의 경우와 비슷하다. 나는 이 J기업을 보면서 많이 안타까웠다. 20년 동안 일군 회사에서 쫓겨난 대표이사는 소송한다고 또 뭔가를 보냈다고 한다. 이런 경우 법적 공방이 장기화될 가능성이 많다. 그렇다면 회사는 정상적인 영업 행위를 할 수가 없어서 도산의 위험도 있다. 주주대표단에서 어떤 생각으로 이렇게까지 일을 크게 벌였는지는 모르겠다. 새로 선임된 대표이사가 전 대표이사가 이뤄놓은 업적뿐만 아니라 그 일을 지속할 수 있는 지에 대한 검증은 했는지도 궁금했다. 내가 투자한 회사는 아니니 깊이 있게 알아볼 수는 없었다. 그럼에도 소액주주들이 입을 피해를 생각하니 참으로 안타까운 상황이었다.

내가 투자한 기업 중에는 아직까지 이런 경우는 없어서 이런 상황이 쉽게 피부로 와 닿지는 않는다. 그러나 앞으로 이런 기업이 나오지 말라는 법이 없다. 대표이사가 죽을죄를 저지르지 않는 한, 어쩌면 서로 동업하는 입장이니 독려해주고 응원해주는 게 맞다고 본다.

사실 투자에서 중요하지 않는 게 없다. 아무리 강조해도 지나치지 않는 것 중 하나가 지분 구조를 보는 것이다. 대표이사만 철석같이 믿고 투

자했는데, 어느 날 갑자기 나도 모르는 사람이 대표이사가 되어 있을 수
도 있고, 더 나아가 회사의 존폐가 걸려 있기 때문이기도 하다. 그만큼
지분은 중요하다.

07

회수(EXIT)를 잘하는 3단계 법칙

김승호 회장은 이야기한다. 무엇을 하든 항상 회수, 즉 엑시트(EXIT)를 생각하고 시작하라고. 회사를 설립하든, 투자를 하든 다 해당되는 사항이다. 그만큼 투자하는 것도 중요하지만 손절을 하든, 익절을 하든 회수하는 것이 더 중요하다. 장내 주식에서도 보면 매수는 쉽게 하지만 매도를 잘못해 손실을 극대화하는 경우를 많이 봤다. 개미들은 팔아야 할 때 미련이 남아 못 판다. 팔고 나면 올라갈 것 같아서라고 이야기한다. 반대로 주가가 내려가면 다시 올라갈까 봐 매도를 못한다. 익절보다는 손절을 더 많이 하는 이유다. 수익이 나고 있으면 더 올라갈 것 같아서 못 파는 마음을 이해를 못 하는 바는 아니다. 그러나 수익은 항상 옳다. 매도하지 않고 숫자로만의 수익은 수익이 아니다.

그래서 투자보다 더 중요한 게 엑시트다. 수익 내고 나오기가 얼마나 어려우면 EXIT(탈출한다)라는 말을 썼을까? 회수에 대해 이야기해보자. 회수를 잘하기 위해 고려해야 할 3가지 요소가 있다.

첫째, 어떻게 투자할 것인가?
둘째, 어떻게 회수할 것인가?
셋째, 언제 회수할 것인가?

첫 번째는 '회수를 잘하려면 어떻게 투자할 것인가?'이다.

1. 무조건 싸게 산다

아무리 강조해도 지나치지 않는다. 이유가 필요 없다. 좋은 종목이라는 결정이 나면 무조건 싸게 살 수 있는 방안을 마련해야 한다.

내가 P종목에 투자를 했다. P종목은 프리IPO 단계에 투자를 했다. 나는 그때 당시에 주당 5,600원에 투자를 했다. 3주가 채 되지 않아 어떤 오프라인 조직에서 같은 종목에 투자를 한다는 소식을 들었다. 주당 8,500원에 한다는 것이다. 내가 투자했던 것보다 약 50% 비싼 가격이었다. 어찌 보면 나는 회수할 수도 있는 금액이었다. 그때 시장에서 가격이 그 가격 정도에 거래가 된 것을 보고 나랑 같이 투자한 몇몇 투자자들은 매도해서 수익을 냈던 분도 있다. 왜 싸게 사야 되는지 이 외에도 수많은 사례들이 있다. 빠른 회수와 빠른 수익을 위해서는 무조건 싸게 사야 한다. 싸게 사야 하는 데는 이유가 없다.

2. 계속 좋아지고 있다면 추가 매수한다

대부분 VC(venture capital, 벤처 캐피털)들이 이런 식으로 투자한다. 개인들은 자금이 VC하고는 비교가 안 되니 추가 매수가 쉽지 않다. 그러나 회사가 계속적으로 좋아지고 있다면 새로운 종목에 투자하는 것보다, 추가 매수해서 지분을 늘리거나 지분이 희석되는 것을 막아 수익률을 더 높일 수 있다. M회사가 있다. 이 회사는 작년에 시리즈 A와 시리즈 B투자를 진행했다. 나는 시리즈 A에만 투자를 했다. 시리즈 B 투자가 마무리되고 지분 구조를 보니 시리즈 A에 참여했던 VC들이 시리즈 B에도 대거 투자한 걸 알 수 있었다. 내가 추가 투자하지 못한 건 좀 아쉽기는 했지만, 그만큼 회사가 좋아지고 있다는 뜻이어서 기분이 매우 좋았던 기억이 있다.

3. BM(비즈니스 모델) 및 Sector별 기대 수익률을 고민해본다

비즈니스모델이나 업종별로 기대 수익률은 완전 다르다. 우리끼리 하는 말로 '위가 열려 있다, 위가 닫혀 있다.'라고 표현한다. 예를 들면 제조 유통업과 소프트웨어 관련업의 기대 수익률은 완전 다르다. 내가 말하는 위가 닫혀 있는 BM이나 업종은 제조 유통업 등을 말한다. 즉, 매출이 어느 정도 예상되는 업종이다. 올해 매출이 100억이었는데, 갑자기 내년 매출이 1,000억을 하기가 쉽지 않은 업종을 말한다. 그러나 소프트웨어 같은 IT 업종은 위가 열려 있는 업종이다. 게임 주인 〈배틀그라운드〉 개발사 블루홀의 매출을 보면 이해가 될 것이다. 유저들의 늘어나는 숫자가 상상을 초월하다 보니 매출 또한 거의 수직 상승했다. 우리가 예측할 수 없을 정도였다. 주가 수직 상승은 당연한 현상이다.

그러나 안정성 부분에서는 당연히 제조유통업이 우세다. 매출이 눈에 보이고 예측할 수 있기 때문이다. 매출이 어느 정도 안정권에 들어서면 큰 이변이 없는 한 안정적인 수익을 낸다. 반면, 소프트웨어 업종은 안정성 부분에서는 약세다. 〈배틀그라운드〉처럼 성공하면 대박이고 실패하면 쪽박이기 때문이다. 그만큼 예측이 잘 안 된다. 그래서 BM별, 업종별 기대 수익률에 따라 회수 전략을 잘 짜야 한다.

4. 희석을 주의하라!

이 말은 지분 희석을 말한다. 특히 큰 투자가 들어왔을 때는 내 지분율 하락 속도는 더 빠르다. 처음에 투자할 때 지분의 10% 비율로 투자를 했다. 그런데 내가 투자한 이후에 유상증자를 하게 되었다. 예를 들면, 자본금 5,000만 원(액면가 5,000원 기준)이고 총 주식 수 10,000주라고 가정해보자. 이 회사의 지분 10%를 가지고 있는 내 주식 수는 1,000주이다. 그런데 회사 밸류 10억에 10억 원이 신주로 투자되어 유상증자를 했다면, 내 지분은 어떻게 될까? 계산을 해보자. 회사 밸류 10억에 주식수 10,000주이기 때문에 주당 100,000원이 된다. 그러면 10억 원 치 신주를 발행하면 10,000주가 추가 발행된다. 그래서 회사의 총 주식 수는 20,000주가 된다.

그럼 내 지분이었던 1,000주는 더 이상 그 회사의 총 주식 수 대비 10%가 되지 않는다. 5%가 된다. 그런데 회사가 잘 운영되어서 회사 밸류가 100억 밸류가 됐다고 가정하면 수익률에서는 차이가 많이 난다. 내 지분이 10%였다면 내 지분의 가치가 10억이었을 것인데, 5억으로 줄어드는 것이다. 쉽게 설명하기 위해서 단순계산을 했다손 치더라도 이러한 계산이 나온다. 처음에 내가 지분을 몇 퍼센트 가지고 있다고 해서 영원히 그 지분 비율만큼이 내 지분이 아니라는 말이다. 좋은 회사이고 지금 잘나가고 있다면 추가 투자를 해야 하는 이유이기도 하다.

두 번째는 어떻게 회수(EXIT)해야 할 것인가?

1. 상장(IPO)이다

상장은 기관 투자자든 개인 투자자든 어떤 단계에서 투자를 했든지 가장 바라는 회수 방법 중 하나다. 어떤 단계에 투자하든 비상장에 투자한

따라 하면 돈 버는 주식 투자 비법

투자자들은 기관이든 개인이든 상장하기를 바란다. 그러나 우리가 생각하는 것처럼 상장이 쉽지 않다. 이 말의 의미는 상장으로 회수하기는 너무도 어렵다는 것이다.

지금도 상장을 위해 최선을 다하는 기업이 약 20,000개가 넘는다고 한다. 그러나 1년에 상장하는 기업은 100여 개 남짓이다. 많으면 120개 정도 아니면 80여 개 정도다. 2016년 국정농단 사태가 터졌던 때에는 60여 개 정도 했었다. 상장하려는 회사 비율로 따지면 약 0.5% 정도다. 잘 모르는 사람들은 회사대표가 마음만 먹으면 상장할 수 있다고 생각한다. 그래서 왜 그렇게 상장을 못 하고 있냐고 따져 묻기도 한다. 소액주주를 보호하기 위해 그만큼 상장의 조건이 까다롭기 때문이다.

단순히 상장 주관사 선정했다고 상장하는 게 아니다. 외부감사를 받았다고 해서 상장하는 게 아니다. 혹시라도 이 책을 읽는 여러분 중에 금방 상장할 것처럼 이야기하는 말에 속아서 투자했다면 꼭 알아두기 바란다. 여러분이 생각한 것처럼 또 그 사람들이 말한 것처럼 상장이 그렇게 쉽지 않다는 것을.

여러분이 생각한 것처럼 상장이 쉬웠다면 장내 주식의 종목이 얼마나 많았겠는가? 하지만 장내 주식의 종목이 2,200여 개에서 크게 변하지 않는 게 상장도 하지만 상장 폐지되는 종목도 있기 때문이다. 상장한다고 해서 영원히 상장주식이 아니다. 때로는 기업가치의 훼손으로 상장 폐지 되는 종목도 많다.

때로는 심사승인이 되었어도 자진 철회하는 경우도 있다. 최근에 LS 그룹의 계열사 LS이브이코리아가 코스닥 상장을 자진 철회했다. 미래 성장동력 사업을 갖고 있어 그룹 내 기대가 높았으나 최근 코로나 19와 유가 급락 등으로 글로벌 시장 상황과 국내 시장이 급격히 나빠지자 상장을 무기한 연기한 것이다. 이에 LS이브이코리아는 공시를 통해 "회사는 최근 주식시장 급락 등에 따라 회사 가치를 적절히 평가받기 어려운 측면 등 제반 여건을 고려해 대표주관회사와 협의를 통해 잔여 일정을 취소하고 철회신고서를 제출한다."며 "기관 투자자에게 주식을 배정하지 아니한 상태고, 일반투자자에게도 청약을 실시하기 이전이므로 투자자 보호 상 문제가 없다."고 밝혔다.

이러한 경우까지 생각한다면 상장을 쉽게 생각해서는 절대 안 된다. 그리고 우리가 생각한 것처럼 상장이 절대 쉽지 않다.

2. M&A(인수합병)이다

이 방법은 우리나라에서는 거의 잘 하지 않는다. 만약에 하더라도 적대적 M&A가 많다. 미국을 비롯해 선진국들의 M&A 성공 비율은 약 70%가 넘는다. 우리나라의 성공 비율은 10%가 채 되지 않는다. 또한, 인수합병은 대기업보다는 동일 업종 유니콘 스타트업들이 가능성이 높다.

그만큼 대기업과의 인수합병으로 인한 회수는 쉽지 않다는 것이다.

3. 구주매각 회수이다

가장 좋은 방법 중 하나이다. 나도 이 방법을 가장 선호한다. 현실적으로도 지분 투자에서 가장 높은 비중의 회수는 구주매각이다. 특히, 시리즈 B단계 이후 투자부터는 구주매각에 대한 니즈가 발생할 가능성이 높다. 즉, 신규 투자하는 기관이든 개인이든 구주와 섞어서 투자하려는 니즈가 생긴다는 것이다. 이유는 일반적으로 구주는 신규투자유치기준의 밸류에이션보다 20~30% 할인된 가격으로 매수할 수 있기 때문이다. 즉, 밸류를 희석시킬 수 있다. 나중에 그만큼 수익률이 높아진다. 그래서 처음에 계약서를 쓸 때 계약서에 Tag along(1대 주주가 보유지분을 매각할 때, 2, 3대 주주가 그것이 좋은 조건이라고 판단되면 1대 주주와 동일한 가격으로 팔아달라고 1대 주주에게 요구할 수 있는 권리를 말한다.)이나, 우선 매수권 등의 조항은 필수다. 그리고 내 뒷단에 사줄 누군가가 있을지에 대해서도 항상 염두에 두고 투자를 진행해야 한다.

세 번째는 언제 회수(EXIT)할 것인가?

나는 회사와 죽을 때까지 같이 가겠다고 마음먹지 않는 한, 위에 이야기했지만 어떤 방법으로든 일단 수익이 나면 일부라도 회수를 하기를 권한다. 어쨌든 수익을 취했을 때 내 돈이기 때문이다. 아무도 미래는 장담할 수 없기 때문이기도 하다.

투자를 잘하는 것! 중요하다. 회수하는 것! 더욱더 중요하다. 회수를 잘해야 내 자산이 커지기 때문이다.

08

지분 투자에 관련해서 자주 묻는 질문 7

지분 투자에 관심 있는 분들의 그 동안의 질문들을 모아보았다. 아마도 지분 투자에 관심이 있는 많은 분들이 갖는 궁금증이라고 생각한다. 여기에 써놓은 답변들은 나의 주관적인 생각임을 꼭 기억하길 바란다. 종목을 심사하는 사람마다 각자의 기준이 다르다. 그리고 기관에 소속되어 있는 심사역과는 내가 생각하는 부분이 많이 다를 수도 있다. 그러나 누가 맞고 틀리고는 없다. 다 맞다. 단지 기준의 차이일 뿐이다. 그러니 여기에 써놓은 답이 정답이라고 생각하면 절대 오산이다.

질문 1. 투자할 때 보는 가장 중요한 포인트는 무엇인가?

나는 두 가지를 가장 먼저 본다.

첫 번째는 투자할 회사의 산업군과 산업군 내에서 내가 투자할 회사의 포지션이다. 아무리 좋은 기술이라도 앞으로 사장될 산업은 절대 안 되기 때문이다. 새로 시작될 산업군이면 더없이 좋다. 그리고 그 산업군 내에서 어느 정도 영향력을 끼칠 수 있는가를 본다.

두 번째는 대표이사의 마인드와 팀워크를 다음 우선순위로 본다. 물론 첫 번째 조건이 부합되었을 때 본다. 워낙에 중요하게 보는 부분이라 이 부분은 꼭 언급하고 싶었다. 회사는 대표이사의 마인드의 크기만큼 성장한다. 구멍가게 사장 마인드의 대표이사라면 아무리 좋은 아이템이라도 절대 투자해서는 안 된다. 그냥 실패의 지름길이 된다. 대표이사의 마인드와 같이 체크하는 게 팀워크다. 유수의 능력자들이 대표이사의 마인드가 구멍가게 수준이라면 같이 있을 수 없기 때문이다. 이미 한 분야에서 성공한 회사에서 중요한 역할을 하고 있었던 팀원이라면 더할 나위 없이 좋은 회사임에 틀림없다.

질문 2. 특별하게 투자하는 분야가 따로 있는지?

없다. 나는 어차피 투자자이지 어떤 한 산업군의 전문가는 아니다. 아마 어떤 산업군이든 산업군의 전문 분야의 사람들이 보면 어이없어할 수도 있다. 그러나 투자하는 사람과 전문 분야에서 일하는 것과는 완전 별개다. 예를 들면 이런 것이다. 의사나 약사들에게 바이오 관련 회사에 투자하라고 하면 거의 대부분 비관적인 반응을 보인다. 이래서 안 되고 저래서 안 된다고 한다. 그러나 그렇게 비관적이었던 종목들이 대박친 게 여럿 있다. 100% 다 그렇다는 건 아니지만 전문 분야의 사람들이 너무 현실적인 것을 추구하기 때문에 오히려 투자하는 게 어렵다는 이야기다. 나는 투자자이다 보니, 산업과 기업의 앞으로의 성장성과 수익성을 본다. 그래서 특별히 선호하는 분야가 있는 건 아니다. 검토해보고 좋은 기업이면 투자 결정을 한다.

질문3. 스타트업 밸류에이션 책정과 협상 과정이 궁금하다.

가장 중요한 질문일 수도 있다. 낮은 밸류에 투자를 해야 투자자로서 먹을 게 많기 때문이다. 대표이사를 만나기 전에 기업을 IR 자료로 먼저 만나게 된다. 일반적으로 IR 자료에 회사에서 생각하고 있는 밸류가 나와 있다. 종목과 산업에 대해 그리고 동종업계까지 공부한다. 그런 후 회사에서 생각하고 있는 밸류를 감안해서 나는 내가 생각하는 밸류를 생각하고 대표이사를 만난다. 먼저 밸류를 절대 말하지 않는다. 그러면 회사에서 책정한 밸류를 제시한다. 이 과정에서 정말 자금이 급한 경우는 대표이사가 알아서 밸류 조정을 해서 제시하는 경우가 있다. 내가 생각하고 있던 밸류와 크게 차이나지 않으면 그대로 진행한다. 아니면 시장에서 물건값 흥정하듯이 할 때도 간혹 있다. 여기에서 서로 밸류 협상이 안 되면 투자를 결정하지 않고 오는 경우도 있다. 기관이랑 같이 들어가는 경우는 거의 협상불가다. 기관의 밸류에 맞출 수밖에 없다.

질문 4. IR 자료만 보고 느낌이 왔던 회사가 있는지?

최근에 투자한 회사 중 하나인데, 정말 첫 장만 보고 마음으로 결정하고 투자를 진행한 종목이 있다. 지금까지 투자 활동을 하면서 처음이다. 다양한 산업군, 종목에 투자를 해놓았지만 아직도 투자하고 싶은 산업군이 있다. 그중 하나가 AI 의료산업 쪽이었다. 그런데 AI 의료 산업군이었다. 밸류가 좀 높긴 했다. 자료를 통해 공부를 해보니 몇 개의 대학병원을 통해 이미 매출도 나오고 있었다. 그리고 내가 들어가는 밸류가 기관이랑 같이 들어가는 밸류였다. 이미 투자한 주주들을 보니 거의 대표이사 지분 빼고는 거의가 다 기관들이었다. 망설이지 않고 바로 결정을 했다. 내가 투자하면서 이렇게 빠르게 결정한 경우는 처음이었다. 이 책을 쓰는 동안 상장을 위해 기술성 평가를 받았는데, 두 개의 평가기관에서 A, A를 받았다. 6개월 이내에 상장하면 된다. 투자한 지 6개월도 채 되지 않은 종목인데 참 기분이 좋다.

질문 5. 투자한 스타트업들은 어떻게 만나게 되는지?

소개가 가장 많다. 다양한 네크워킹을 하고 있다 보니, 다양한 종목 소개가 들어온다. 원고를 쓰고 있는 오늘도 전화를 받았다. 소개한 종목을 다 투자할 수는 없으니 내가 만들어놓은 프로세스대로 검토 후 괜찮은 종목들은 대표이사와 미팅을 바로 잡는다.

그리고 각 지역 창조경제혁신센터에서 진행하는 데모데이나 IR 데이에 참석한다. 종목 발굴의 목적도 있다. 그러나 데모데이나 IR 데이에 참석하다 보면, 요즘 산업의 최신 트렌드와 미래의 산업의 트렌드를 알 수 있다. 물론 이런 행사에 참석해서 만나는 종목도 있다. 스타트업 100여 개 이상을 인큐베이팅하고 있는 엑셀러레이터를 통해서도 종목 추천을 받기도 한다. 이런 종목들은 안정성 부분에서는 놓은 점수를 준다.

질문 6. 어느 단계에 있는 기업에 투자를 하는지?

이것 또한 정해진 건 없다. 엔젤 단계는 그 분야의 전문가들이 따로 있다. 나는 아주 엔젤 단계만 아니고, 내가 추구하는 종목이면 거의 검토를 해본다. 시리즈 A, 시리즈 B단계 때 가장 많이 하는 것 같다. 때로는 기관 투자 바로 앞단이나 바로 뒷단에 하는 경우도 있다. 워낙에 케이스 바이케이스라 딱 잘라서 말하기가 참 어렵다. 그러나 확실한 건 내가 어느 단계에 들어가는 게 중요한 게 아니다. 어느 단계에 들어가든지 수익을 내는 게 더 중요하다. 혹시라도 이 책을 읽는 독자 중에 초보 투자자가 있다면 하나 꼭 말해주고 싶은 게 있다. 통일주권 언제 나오냐고 물어보는 것이다. 시리즈 단계에는 통일주권 발행이 안 된 경우가 많다. 그렇다 보니 거의 명의개서(주권 미발행 확인서만 발행)만 할 뿐 증권사 계좌에 주식이 입고되지는 않는다. 그런데 대부분의 사람들이 회사의 가치를 보는 게 아니라 언제 통일주권이 나오냐, 언제 상장하냐 이런 것만 계속 물어본다. 명의개서가 되어 있으니, 이미 그 회사의 주주다. 단지 통일주권이 발행이 되지 않아 아직은 증권사 계좌에 입고만 안 됐을 뿐이라고 입이 아프도록 설명해줘도 이해를 못 한다. 그리고 상장한다는 것은 기업의 내적, 외적으로 상장할 수 있는 모든 요건을 갖췄을 때 가능하다. 설립한 지 3년 지났으니 하는 것 아니냐는 그런 유아 수준의 질문은 제발 제발 멈춰주시길. 그리고 이 책에서 계속 목이 메도록 외치는 말! 제발 기본적인 공부라도 꼭 하시기를 간곡히 부탁한다.

질문 7. 어떤 투자 철학을 가지고 있는지?

투자 철학까지는 아니지만 내가 투자를 할 때 우선순위에 두는 것이 있다면 당연히 수익이다. 투자자에게 있어서 가장 좋은 종목은 삼성전자나 LG전자 같은 기업이 아니다. 나에게 수익을 안겨주는 종목이다. 그래서 어떤 종목을 보든지 내가 이 종목에 투자해서 수익을 낼 수 있을지에 가장 초점을 맞춰서 투자를 한다. 그래서 눈에 보이는 것만 보면 안 된다고 하는 것이다. 눈에 보이는 현재의 상황뿐만 아니라 앞으로 회사가 앞으로 어디까지 성장할 수 있을지 그릴 수 있어야 한다. 우리끼리 우스갯소리로 투자하려면 상상력이 풍부해야 한다고 이야기한다. 투자한 기업의 미래를 볼 수 있어야 하는 것도 있다. 그러나 더 중요한 건 지금 현재 눈에 보이지는 않지만 그 너머에 보이지 않는 회사와 산업의 크기를 볼

따라 하면 돈 버는 주식 투자 비법

수 있어야 한다. 하루아침에 되는 것은 아니니 너무 좌절하지 마시길. 많은 종목과 산업을 공부하다 보면 자연스럽게 보는 안목이 생긴다. 그리고 유추할 수 있는 능력도 나도 모르는 사이에 자연스럽게 생겨난다. 내가 아무리 말해도 소용없다. 각자가 많은 학습과 경험을 하는 수밖에.

몇 가지 궁금할 만한 것들을 질문과 답을 통해 정리해보았다. 물론 소소한 궁금한 것들도 많이 있겠으나 그것은 나중에 혹시라도 투자에 참여하고 싶을 때 물어보면 될 것이다. 다시 말하지만, 질문에 대한 답변은 지금까지 나의 투자 경험을 통해서 만들어진 나만의 극히 주관적인 생각임을 잊지 말기 바란다.

따라 하면 돈 버는 주식 투자 비법

The Secrets of Investment

Chapter 4

절대 실패하지 않는
7가지 투자 비법

돈 공부로 나의 돈 그릇을 키워라

"당신의 돈 그릇은 얼마나 큽니까?" 투자하고 싶어 찾아오는 사람들에게 꼭 물어보는 질문이다. 내 재산은 내 돈 그릇 만큼 커진다. 만약에 돈 그릇이 100억을 담을 수 있는 그릇이라면 어떠한 모양으로든 그 돈 그릇은 채워진다. 그러나 돈 그릇이 1,000만 원밖에 안 되는 사람은 100억을 줘도 다 못 담아 그릇이 큰 곳으로 흘러간다. 부익부 빈익빈이 이래서 나온 말인 듯싶다. 이게 돈의 법칙이다. 억울해도 어쩔 수 없다. 억울하면 돈 공부, 부자 공부, 경제 공부해서 돈 그릇을 키우면 된다.

내가 전문 투자자이다 보니 돈 벌고 싶은 사람들, 부자 되고 싶은 사람들이 나에게 많이 찾아온다. 그러나 그들의 생각을 보면 정말 종지만 한 돈 그릇을 가진 사람이다. 대화가 안 될 때가 많다. 나는 내가 돈이 없는 게 나의 돈 그릇 때문인 것을 '혁신'이라는 말을 들은 그날, 나를 묵상하며 알게 되었다. 그때부터 나는 돈에 대해 공부하기 시작했다. 돈은 살아 있는 생물이다. 돈은 어디를 가고, 누구한테 가야지 대접을 받는지를 그 누구보다도 잘 안다. 그래서 돈을 좋아하는 사람에게 간다. 귀하게 대하는 사람을 찾아간다.

자신을 잘 돌아보기 바란다. 나의 돈 그릇은 얼마나 클까? 나는 얼마를 담을 수 있는 그릇일까? 이미 부자가 된 사람들을 보면 그 그릇이 우리는 상상할 수 없을 만큼 크다. 지금은 절판되어서 판매되지는 않지만 『갑부』라는 소설책을 보면 부자가 되기 위해 돈을 먼저 알아야 함을 알 수 있다. 돈이 무엇을 좋아하는지.

엄마 집의 인테리어를 해주신 사장님의 이야기이다. 이분이 이야기하기를 좋아하시는 분이라 나만 만나면 구구절절 이야기를 재미나게 하신다. 마지막 잔금을 현금으로 주기로 해서 엄마 집에서 만났다. 인테리어 사장님은 나에게 사장님이라고 한다.

"사장님 얼굴이 좋아 보이십니다."

인테리어 사장님께서 나에게 한 말이다.

"저야 뭐 항상 좋죠, 하하하"

"이틀 전에 제가 너무 속이 상해서 혼자서 술집에 가서 양주 20만 원짜리를 마셨습니다."

무슨 일이 있었는지는 모르겠으나 사장님께서 나에게 하소연을 하신다.

"왜요? 무슨 일 있으셨어요?"

"5년 전에 사서 3년 전에 3억 원에 판 집이 글쎄 10억 원이 되었더라고요, 그러니 제가 술을 안 먹게 생겼어요?"

"사장님! 그래서 10억 원에 거래가 되었다고 그러던가요?"

"아니요, 거래는 안 됐는데 그렇게 나왔나 봐요."

"사장님! 너무 속상해 마세요, 이미 3년 전에 파셨고, 10억 원은 호가일 뿐이잖아요, 누가 그 집을 그 가격에 샀을 때 그게 진짜 가격이 되는 거지요."

"그렇긴 한데 그래도 너무 속이 상하네요."

"뭐든지 사려는 사람은 싸게 사고 싶은 게 사람 마음이고, 파는 사람은 비싸게 팔고 싶은 게 당연한 거 아니겠어요? 그 집도 10억에 팔고 싶은 집 주인의 바람으로 부동산에 내놓은 것이잖아요."

"………"

"주식에서도 파는 사람은 항상 상한가에 팔고 싶고 사는 사람은 하한가에 사고 싶은 게 사람 마음 아니겠어요? 다만, 그 가격에 살 수도 없고, 팔 수도 없다는 게 문제이지만요."

"사장님 말씀 들어보니 그러네요."

"그 가격에 거래가 된 것도 아니니 너무 상심 마세요."

"그래야지 어쩌겠어요. 이미 물 건너간 집인데요. 아무튼 감사합니다."

이분의 이야기를 덧붙이자면, 이분은 왕년에 건축 사업을 크게 하셨다. 그래서 100억대 자산도 이루셨던 분이시다. 물론 한 번의 실수로 그 100억 이상의 자산을 다 날리시긴 하셨지만. 그래서 다시 시작해보려고 인테리어 사업을 시작하시게 된 것이다. 성격이 워낙에 좋아서 찾는 사람이 많다. 엄마 인테리어도 하면서 다른 두 집을 동시에 진행하고 있었다. 이분을 보면서 돈 그릇을 생각해보게 되었다. 왕년에 100억을 버셨지만 감당이 안 되니 결국은 흐른 것이다. 그래서 3대, 4대까지 부를 유지하기가 힘든 것이다. 100년 부자들이 자녀들에게 그렇게 혹독하게 돈 공부를 시키는 이유도 다 돈 그릇, 돈에 대한 마인드 때문이다. 아무리 많은 재산을 물려줘도 자식이 그 재산을 담을 그릇이 안 되면 결국은 망하는 것이다.

어느 날, 전주에서 한 분이 상담 차 사무실을 방문했다. 이분이 A4 한 장을 꺼내서 내 앞에 펼쳐 놨다.

따라 하면 돈 버는 주식 투자 비법

"아이고, 이게 뭐예요?"

"제가 지금까지 투자한 종목이에요."

"뭐가 이렇게 많아요? 아이고, 돈도 많으시네요."

"대표님, 10억 투자하면 100억 된다는데 대표님 같으면 투자 안 하시겠어요? 집 팔고 땅 팔고, 해약하고, 대출받고 그렇게 만든 돈이에요."

"팔 것이 있으셨구나, 차라리 팔 수 있는 게 없었으면 좋을 뻔했네요."

"아마 언니 것이랑 합치면 10억 될 거예요, 어떻게 해야 될까요?"

"아니, 뭘 믿고 이렇게 많이 투자를 하신 거예요?"

"저도 모르겠어요, 뭔가에 홀린 것 같아요, 어떻게 해요?"

"매도는 할 수 있어요?"

매도가 될지도 불분명했다.

"모르겠어요, 확인해봐야 할 듯해요."

"대표님, 저 많이 도와주세요, 너무 힘들어요."

"제 말대로 하시면 도와드릴게요."

그러나 이분이 가지고 있는 종목은 잘 찾는 종목이 아니어서 거래가 아예 없거나 가격이 너무 빠져 있어서 어떻게 할 수가 없는 종목들이었다. 아직도 그대로 들고 계신다.

이분뿐만이 아니다. 많은 분들이 이런 이유로 나를 많이 찾아온다. 3억 투자하신 분, 5억 투자하신 분… 나야 다들 돈도 많으시다고 말하고 말면 그만이다. 그러나 그분들은 평생 모은 재산이 잘 파악도 안 되는 그런 회사에 꽁꽁 묶여 있다. 이야기를 들어보니 하나같이 수익이 10배, 20배, 심지어는 500배 난다고도 했다고 한다. 이게 말이 되나? 500%도 아니고 500배라니! 500%도 어마어마한 수익률이다. 그런데 500배라니? 나는 너무 놀라서 입이 다물어지지 않았다.

그렇게 큰 수익이 난다고 감언이설로 투자금을 유치한 사람도 잘못이지만 그 말을 그대로 믿고 투자한 사람도 잘못이라고 생각한다. 세상에 이런 투자는 없기 때문이다. 그 어느 누가 수익률이 몇 배 될 것이라고 확신할 수 있을 것인가? 이건 투자가 아니고 투기다. 투기도 거의 사기에 가까운 투기다. 만약, 이런 투자가 있다면, 세상 모든 사람이 다 부자 되었을 것이다. 왜 그런 생각을 못 하는 것일까? 나는 너무 안타까웠다. 어떻게 저런 수익률을 믿고 전 재산을 다 갖다 바쳤을까?

2017년도 연말에 비트코인이 1코인 당 2,800만 원을 찍으면서 코인 시장이 들썩들썩했다. 그 즈음 나도 코인시장에 투자라는 이름으로 발을 디뎠다. 그 이후 2018년부터 ICO 바람이 불기 시작해 한때 대한민국을 강타했다. 2017년도에 ICO 했던 사람들은 그냥 앉아서 떼돈을 벌었다. 주변에 있는 지인도 2017년 ICO로 약 6억 정도 벌었다며 엄청 자랑했다.

따라 하면 돈 버는 주식 투자 비법

150만 원을 투자했는데, 상장해서 하루 사이에 3,000만 원이 된 코인도 있었다고 한다. 그래서 밤새 잠을 못 잤다고 거품 물고 이야기했던 게 생각났다. 그리고 서로 일상이 바빠서 잊어버리고 살았다. 작년에 오랜만에 통화가 되어 한참 통화를 했다. 당연히 그 이상의 자산이 만들어졌을 것이라고 생각했다.

"그래서 그 뒤로 돈을 얼마나 더 버셨어요?"

궁금했던 차에 내가 물어보았다.

"아이고, 말도 마라. 그 뒤로 번 것 다 까먹고 지금은 마이너스 6억이다."

"아니 그게 무슨 말이에요?"

"내가 ICO로 돈을 좀 벌어서 재미가 나 주변 사람들한테 특히 가족들한테 투자하라고 해서 많이 투자를 했거든, 그런데 다 실패하고 아예 돈만 날리고 그런 상황이 되었지. 가족이라 원금은 줘야 할 것 같아서 빚내서 원금 돌려주고 그러다 보니 빚이 6억이 되어 있더라고."

"에고. 그런 일이 있었군요."

지인이 이렇게 된 데에는 다른 이유도 있었겠지만 대가 없이 벌어들인

Chapter 4 절대 실패하지 않는 7가지 투자 비법

돈이고, 그 돈을 다 담을 수 없는 마음이 합쳐져서 이런 상황이 만들어졌다고 생각한다.

나는 다양한 사람들을 만나 상담이나 컨설팅을 하면서 그들의 돈 그릇을 가늠해본다. 그리고 이야기를 한다. 똑같은 종목에 투자를 해도 누구는 엄청난 수익이 나지만 또 누군가는 엄청난 손실이 난다. 딱 잘라서 어떤 이유라고 말하기는 그렇지만 투자자분들과 대화를 나눠보면 투자자의 돈을 대하는 마인드에 있다는 것을 알게 되었다. 이제는 몇 마디만 나눠봐도 안다. 그 사람의 돈 그릇의 크기를. 그리고 그 돈에 대한 믿음이다. 그게 전부이다. 돈을 많이 벌고 싶은가? 부자가 되고 싶은가? 돈 그릇을 키워라. 돈에 대한 마인드부터 바꿔라. 각자의 돈 그릇을 크게 키워 모두가 부자가 되기를 진심으로 응원한다.

02

성공을 위해 충분한 대가를 치러라

"성공을 꿈꾸려면 목숨을 걸어라.

그리고서도 실패한다면 그때야 당신은 운을 탓하거나 운명을 원망할 수 있을 것이다. 운명에 대한 원망도 그것을 할 수 있는 경지가 따로 있는 것이다."

– 박경철

의사 박경철의 한 줄 명언이 어느 날 내 마음에 들어 왔다.

"성공을 꿈꾸려면 목숨을 걸어라!"

나를 돌아보았다. 그리고 나 자신에게 질문을 했다.

'너는 과연 성공을 위해 단 한 번이라도 목숨을 걸어본 적이 있니?'

사실 이 질문에 선뜻 대답할 수 없었다. 많은 생각이 필요한 대답이었다. 과연 나는 성공을 위해 단 한 번이라도 목숨을 걸어본 적이 있었을까? 이 한 문장에 대한 답을 위해 나는 많은 시간 나의 삶을 되돌아보았다. 답은 "NO."였다. 정말 열심히 노력하고 애썼다고는 하나 목숨까지는 걸어본 적이 없는 것 같았다. 그런 나 자신이 많이 부끄러웠다. 그러면서 나는 부자들이 그저 운이 좋아서 성공했다고만 생각했다. 아니 그렇게 생각했던 시절이 있었다. 내가 죽을힘을 다하지도 않았으면서 운과 운명을 탓했던 시절이었다. 그러나 내가 경험해보니 내가 죽을힘을 다하면 하늘도 우리를 돕는다.

나는 크리스천이다. 교회에 가면 죽을힘을 다해 기도하는 분들을 많이 봤다. 물론 그래서 응답받는 사람도 있고, 응답받지 못하는 사람도 있다. 이유가 뭘까? 나도 내가 기도해서 응답을 받은 경우도 있고 응답을 받지 못한 경우도 있었다. 기억은 잘 나지 않지만 언젠가 들었던 설교 말씀이다. 기도응답이라는 것은 하나님의 최선과 나의 최선이 만나는 것이라는 내용의 설교였다. 그러면서 예를 들어서 이 말이 무슨 말인지에 대해 설명을 해주셨다.

"공부하는 고등학생이 있습니다.

열심히 신앙생활을 합니다. 주일날 예배는 물론, 새벽예배도 참석할
만큼 열심히 주를 섬깁니다. 그렇다 보니 잠이 부족해 학교에만 가면 졸
고 집중을 못 합니다. 시험기간에도 마찬가집니다. 공부를 해야지 성적
이 오를 텐데, 새벽예배 드리느라고 공부는커녕 시간만 나면 잠만 잡니
다. 그러면서 기도하지요. '하나님, 시험 잘 보게 해주세요, 100점 맞게
해주세요.' 그러나 시험은 말 안 해도 아시겠지요? 공부를 안 했는데 어
떻게 성적이 잘 나올 수 있겠어요? 당연한 결과이지요. 그러나 이 학생
은 내가 그렇게 기도하고 예배드렸는데 하나님은 내 기도를 안 들어주시
는구나. 그러면서 신앙생활도 포기합니다.

여러분 이게 과연 정상적인 신앙생활일까요? 하나님은 인격의 하나님
이시고 극히 이성적인 하나님이십니다. 나는 아무것도 하지 않으면서 기
도한다고 달라질 게 있을까요? 정화수 떠놓고 비나이다, 하는 것과 다를
게 뭐가 있습니까? 기도는 하나님의 최선과 나의 최선이 만났을 때 응답
이 이루어지는 것입니다. 교회를 가지 마라, 기도를 하지 마라는 의미가
아닙니다. 이 학생은 기도도 최선을 다해서 해야 했겠지만 학생이기 때
문에 당연히 시험기간에 최선을 다해서 공부를 했어야 했습니다.

그러나 이 학생은 기도만 했죠. 해야 할 공부는 하지 않고. 그러니 시험을 못 보는 건 당연한 거 아닙니까? 이 학생은 죽을힘을 다해 공부하고, 하나님께 공부한 것 잊어버리지 않고 기억나게 해달라고, 지혜를 달라고 기도했어야 했습니다. 축구선수가 공 차는 연습은 하지 않고 세계 최고의 선수가 되게 해달라고 기도하는 것과 다를 게 뭐가 있습니까? 공 차는 연습 한 번 안 한 사람이 단지 기도했다고 세계 최고의 선수가 된다는 게 말이 됩니까? 하나님은 그런 하나님이 아니십니다. 절대로."

이런 내용의 설교였다. 나는 큰아이가 사교육 도움 없이 혼자서 얼마나 죽을힘을 다해 공부했는지를 너무 잘 알기에, 그리고 아들이 얼마나 죽을힘을 다해 운동을 했는지를 너무나도 잘 알기에 이 말씀이 너무 마음에 와닿았다. 충분한 대가를 치렀을 때 그 이상의 응답을 받을 수 있다는 것이다.

어떤 엄마의 이야기다. 아들이 고3인데, 아들 공부를 대신해주지는 못하니 교회에 나가 열심히 기도했다고 한다. 새벽예배도 나가고, 교회 봉사도 열심히 했다. 정말 죽을힘을 다해 나름대로 최선을 다했다. 그러나 시험 결과는 별로 만족스럽지 못했다. 기대했던 대학은 떨어졌다. 생각보다 낮은 대학에 합격한 것이다. 그러면서 이렇게 말했다.

따라 하면 돈 버는 주식 투자 비법

"나는 할 만큼 했는데, 하나님이 너무하신 것 같아. 정말 하나님께 서운하더라니까. 내가 성경도 열심히 읽고 얼마나 열심히 봉사하고 했는데, 하나님이 정말 너무하신 거야."

좋은 대학 가려면 엄마의 기도도 무엇보다 중요하지만 아들이 열심히 공부해야 하지 않나? 이 사례를 보며 나는 대한민국의 크리스천들이 너무 잘못된 신앙생활을 하고 있다고 생각한다. 예전에 당산나무에, 바위에 비나이다, 하듯 샤머니즘적인 신앙생활을 하고 있다. 그냥 그 대상이 나무나, 바위에서 하나님으로 바뀐 것뿐이다. 내가 볼 때는 이들의 신앙생활은 이름만 크리스천이지 그냥 샤머니즘 신앙일 뿐이다. 그래서 나는 하나님께만 모든 책임을 돌리는 이런 무책임한 신앙생활을 싫어한다. 나는 대가 없는 좋은 결과는 없다고 생각한다.

나는 "세상에 공짜는 없다."라는 말을 참 좋아한다. 이 말처럼 공평한 말도 없다. 대가를 치른 만큼 나에게 돌아오기 때문이다. 아니 더 많이 되돌려 받는다. 그래서 더 좋아한다. 사람들은 부자들을 보면 그냥 단순히 운이 좋아서라고 표현하는 사람들이 있다. 물론 부자가 된 당사자들은 본인이 죽을힘을 다한 노력을 말로 표현할 수 없으니 그저 운이 좋았다고 표현한다. 그러나 그것을 진짜 운이 좋았다고 해석하면 안 된다는 말이다. 미안한 말이지만 세상에 일확천금은 없다.

성공한 그들이 부자가 되고 성공한 이면에는 죽을힘을 다한 노력이 숨어 있다. 그래서 부자는 부자를 알아보는 것이고, 성공자는 성공자를 알아보는 것이다. 굳이 말하지 않아도 서로의 보이지 않은 숨은 노력들을 서로 인정해 주는 것이다. 그런 죽을힘을 다하는 과정에서 진정한 기회가 만들어진 것이기도 하다. 이걸 운이라고 하고 하늘이 도왔다고 한다.

진정 성공하고 싶다면 죽을힘을 다해 대가를 치르라. 부자가 되고 싶다면 죽을힘을 다해 부자를 따라 해보라. 하늘도 감동할 만큼. 그럼에도 실패한다면 그때 가서 운과 운명을 탓하라. 그러나 내가 진심을 다해 대가를 치렀다면 나머지는 운에 맡기고, 운명에 맡기면 된다. 그러면 내가 생각한 것 이상의 성공자가 되어 있을 것이다. 나는 확신한다. 진정 부자가 되고 싶은가? 그럼 내가 부자가 되고 싶은 만큼 충분한 대가를 치르겠다고 지금 당장 결심하고 선포하라. 어느 날 당신이 대가를 치른 만큼 부자가 되어 있을 것이다.

03

실패의 원인을 철저하게 분석하라

"실패는 성공의 어머니다."

내가 투자한 것마다 다 성공한다면 얼마나 좋겠는가? 그러나 그런 투자는 세상에 없다. 아니, 불가능하다. 시장의 불확실성 때문이다. 전 세계 최고의 투자자인 워런 버핏도 실패하는데 하물며 우리 같은 작은 투자자들에게 100% 성공은 없는 것이다. 어떤 일이든 무엇을 하든 우리 삶에 실패는 무조건 있다. 오히려 실패가 디딤돌이 되어 더 나은 성공으로 이끈다. 나도 처음에 했던 몇 종목에 대한 투자는 실패였다. 그냥 앉은자리에서 돈을 다 날렸다. 그 없는 와중에 만든 투자금이었기에 몇 날 며칠 잠을 못 이룰 정도로 고통스러웠다. 나뿐만 아니라 그때 같이 투자했던 사람들도 같은 결과를 맞이했다.

　그러나 내가 다른 사람들과 다른 점은 실패의 원인을 분석했다는 것이다. 가장 안타까운 건 한두 종목 실패했다고 이 시장은 돈이 안 되는 시장이라고 떠나버리는 것이다. 그래서 그들만의 리그가 되었는지도 모른다. 금융시장의 아이큐가 몇인지 혹시 아는가? 무려 3,000이다. 보통 인간의 아이큐가 두 자리 수다. 세 자리 수는 똑똑하다고 하고 150이 넘어가면 멘사 회원이라고 해서 천재라고 부른다. 그런데 시장의 아이큐는 3,000이다. 그런데 겨우 아이큐 100이나 되는 사람이 시장을 이기려고 달려드니 장렬히 전사하는 것이다. 시장을 절대 이길 수 없음을 인정하라. 그리고 그 똑똑한 시장을 활용할 방안을 마련하라. 그게 더 빠르다.

　나는 나의 실패의 원인을 철저하게 분석했다. 그 원인을 분석해본 결과는 이랬다.

　첫 번째, 유통 과정에서 오는 유통 리스크였다. 이 지분시장은 분명히 발행시장이지만 아쉽게도 결국은 철저하게 유통시장이다. 이 말의 의미는 내가 기업에 지분 투자를 직접 하지 않은 한은 누군가에게 유통되는 주식을 사게 된다는 의미다. 나의 첫 투자는 온라인카페를 통해서였다. 그때만 해도 지분 투자에 대해 아예 모르던 시절이었기 때문에 카페지기 말만 듣고 상장 전에 들어가는 것이니 상장만 하면 무조건 대박이 날 줄 알았다. 그러나 상장은커녕 내가 투자하고 얼마 되지 않아 그 카페는 폐쇄되고 카페지기는 어디론가 사라져 버렸다. '온라인으로 하는 투자는 안 되는 것인가? 아니면 내가 너무 사람을 믿었을까?' 나의 첫 투자의 후유증으로 많이 아프기는 했다. 그냥 내가 맘 편하고 싶어 어려운 공부 하나 했다, 생각했다. 우리 같은 서민들은 노동수입으로 열심히 벌고 사는 게 답인가 보다 하고 거의 포기하는 마음이었었다.

나의 두 번째 투자 기회가 왔다. 이번에는 온라인이 아닌 오프라인에서 지분 투자를 진행한다는 정보였다. 나는 얼굴도 모르는 사람을 믿은 것이 실패의 원인이라고 생각했기 때문에 오프라인으로 진행되는 투자는 당연히 성공할 줄 알았다. 오프라인으로 투자한 종목은 여러 종목이었다. 그러나 이 역시도 실패하고 말았다. 충격으로 정신을 차릴 수가 없었다. 세상에는 믿을 사람이 한 명도 없다는 말인가? 처음 실패했을 때보다 더 충격이 컸다. 한동안 사람 만나는 게 두려울 정도였다.

유통 과정의 리스크를 철저하게 경험한 것이다. 이 지분시장은 철저하게 폐쇄되어 있다. 시장에서 거래되고 있는 장내 주식은 거래소를 통해 거래가 된다. 또한 공시를 통해 회사의 내용들을 쉽게 접할 수가 있다. 하지만 발행시장인 지분시장은 회사에서 정보를 주지 않으면 절대 알 수가 없다. 그렇다 보니 주식이 유통이 되도 어디서부터 어디까지 유통이 됐는지 알 수가 없는 것이다. 그러니 아무것도 모르는 초짜 투자자가 실패하는 건 어쩌면 너무도 당연한 것이었다.

두 번째는 유통 과정에서 오는 가격 리스크였다. 앞서 말했듯, 이 지분 시장은 철저하게 폐쇄되어 있다. 그들만의 리그인 것이다. 그러다 보니 어떤 유통 과정을 통해 내 손에 들어오게 됐는지 잘 파악이 안 된다. 이 시장에 사기꾼이 득실대는 이유이기도 하다. 지금에 와서 기업의 가치를 산정해보면 절대 나올 수 없는 밸류에 거래를 한 것이다. 몇 단계 유통 과정을 거치다 보니 내 손에 들어올 때는 고밸류가 되어 있다. 그러니 아무리 앞단에 지분으로 투자했더라도 수익이 나기가 힘들 수밖에 없다. 나는 결국 이 시장의 가장 큰 리스크인 두 가지 리스크를 동시에 겪게 되었다.

'그렇다면 이 두 가지 리스크만 헷지 한다면 수익을 낼 수 있는 확률이 높아지지 않을까?'

이 부분에 대해서 고민하기 시작했다. '어떻게 하면 될까?' 나는 습관적으로 어떤 문제가 생겼을 때 항상 '어떻게 하면 될까?'를 생각한다. 어쨌든 누군가는 이 시장에서 돈을 벌고 있지 않은가? 그렇다면 분명 방법이 있을 것이라고 생각했다. 그래서 나는 내가 직접 찾아나서게 되었다. 이

두 가지를 헷지할 수 있는 방법이 있었다. 내가 직접 종목을 딜소싱해서 투자하는 것이다. 물론 종목 자체는 소개를 받지만 대표이사를 직접 만나고 하는 것들은 직접 할 수 있으면 될 일이었다. 나는 내 능력을 키우기 시작했다. 그런 과정에서 다양한 네트워크가 형성이 되었다. 그리고 금융의 스승님도 만날 수 있었다.

얼마 전에 아는 언니에게서 전화가 왔다.

"아야, 이 시장은 사기꾼만 있는 것 같은디 어쩐다냐?"

"아니야, 언니. 내가 공부해보니 정말 멋진 시장이고, 제대로만 하면 돈도 많이 벌 수 있는 시장이이에요."

"아이고 말도 마라, 신랑도 모르게 해가지고 몇 년 동안 돈은 묶여 있고 미치기 일보 직전인디 어떻게 해야 된다냐?"

"언니, 종목하고 투자한 금액 나한테 보내줘봐요."

"아이고 여기도 사기꾼, 저기도 사기꾼 사기꾼들 천지여서 내가 못 살겠다. 내가 보내주면 니가 아냐?"

"웬만한 종목은 검토가 가능하니까 일단 보내줘 보세요, 그리고 차근차근 공부해서 제대로 한번 투자 활동을 해보세요."

"아이고 나는 안 할란다. 너나 열심히 해라. 나는 내 몸 굴려서 열심히 벌어먹고 살랑께."

"에효, 그러게요. 이 시장이 정말 멋진 시장인데 안타까워서 어쩐대요, 그래도 언니는 많이는 아니어도 수익 낸 종목도 여럿 있잖아요."

"그래도 투자한 것에 비하면 번 것도 아니여야, 그런 소리하지 말아라 잉."

"알겠어요, 보내주신 종목 검토하고 다시 연락할게요."

이런 대화를 나누고 전화를 끊었다. 보내온 종목을 보니 어디를 통해서 했는지 대충 알 것 같았다. 그리고 이 언니가 왜 그런 반응을 했는지도 너무 잘 알 것 같았다. 나는 이런 분들을 너무 많이 만나봤다. 아니 요즘 나를 찾아오는 사람들의 대부분이 이런 하소연을 한다. 너무 안타깝다. 그 많은 돈을 어떻게 검토 하나도 안 해보고 투자를 결정했는지⋯ 나는 가만히 앉아 있는데 어느 누가 내 돈을 벌어줄 것이라고 생각했는지⋯ 생각을 조금만 더 깊게 했어도 이런 투자는 하지 않았을 것을⋯.

장내 주식에서 주식을 제대로 하는 사람들을 보면 매매일지라는 것을 쓴다. 절대 그냥 하지 않는다. 그날그날에 대한 익절과 손절에 대한 일지를 적는다. 그러면서 어떻게 해서 손절을 하게 됐는지 반성한다. 그리고 익절한 종목에 대해서는 어떻게 매매를 해서 익절을 했는지 분석하는 것이다. 그런데 그 많은 돈을 투자라는 이름으로 맡겨놓고 방관만 하고 있다니? 혹여라도 이 책을 읽는 분 중에 이런 무책임한 투자를 했었다면 반

따라 하면 돈 버는 주식 투자 비법

성하기 바란다. 그리고 이 시장은 절대 수익이 안 나는 시장이라고 생각한다면 다시 한 번 자신을 돌아보기 바란다.

몇 종목 투자해보고 실패했다고 이 시장이 돈 못 버는 시장이라고 단정지어버리는 사람들을 보면 너무 안타깝다. 이 시장이 어떤 시장인가? 1년이면 6,000조가 움직이고 있는 시장 아닌가? 아마 돈이 가장 많은 시장일 것이다. 그런데 본인들의 잘못된 투자를 탓하기는커녕 이 시장에 있는 사람들을 사기꾼으로 매도해버리고 떠나버리는 사람들이 너무 많다. 나처럼 제대로 알아보기를 권한다. 정말 돈 벌고 싶다면 그것도 많이 벌고 싶다면 절대 이 멋지고 돈 많은 시장을 포기하지 말기 바란다.

성공의 유전자를 만들어 작은 성공을 맛보라

주변을 보면 성공한 사람은 무슨 일을 하든지 성공한다. 반대로 실패한 사람들을 보면 무슨 일을 하든지 실패한다. 여러 가지 이유가 있을 것이다. 장내 시장에서 투자하는 사람들을 보면 2~3% 라도 수익 내는 사람은 꾸준히 수익을 낸다. 그러나 손절하는 사람들을 보면 수익은커녕 끊임없이 손절만 한다. 나는 이것을 성공의 유전자가 있느냐 없느냐로 표현한다. 성공의 유전자는 타고나는 것은 아니다. 철저하게 만들어지는 것이다.

수익을 내본 사람은 어떻게 해야 수익이 나는지를 이미 체득한 사람들이다. 반대로 손절하는 사람들을 보면 매도 타이밍이 와도 못 팔고 '어, 어' 하는 사이에 가격이 쭉 빠져버려 항상 손절만 한다. 이런 사람은 손절이 이미 체화되어버린 사람들이다. 무슨 일을 하든 실패만 하는 사람과 같다. 이들을 가만히 들여다보면, 실패하면 다시 도전을 하더라도 실패한 그 방법으로 다시 하고 있다. 본인이 실패한 방법이 아니라 그 반대 방법으로 해봐야 하는데도, 해본 것이 도적질이라고 꼭 그 방법대로만 한다. 그러니 계속해서 실패만 하는 것이다. 그러나 반대로 성공한 사람들은 이미 성공이 체득돼서 성공의 프로세스대로 하다 보니 계속적으로 성공하는 것이다.

큰아이 이야기다. 돌이켜보면 참 대단한 아이다. 올해 CPA 1차 합격하고 2차를 열심히 준비해서 시험이 끝나 결과만 기다리고 있다. 큰아이가 서울대, 고대, 중대 합격했을 때였다. 이 소식을 듣고 학원을 5개 정도 운영하시는 원장님께서 전화가 왔다. 물론 지인이시고 큰아이를 열렬히 응원해주시던 분이시다.

"○○이 합격 축하드려요, 학원도 안 다니고 참 대단한 딸을 두셨네요."
"해준 것도 없는데 잘 해줘서 너무 감사하죠."
"어렸을 때라든지 혹시 기억나는 특별한 경험 같은 거 없으세요?"

원장님은 아이들이 그렇게 스스로 잘하기까지 뭔가 특별한 계기가 있었을 것이라고 말씀하셨다. 그러면서 큰아이도 어떤 계기가 있었는지 물어보는 것이었다.

"무슨 말씀이신지요?"

"이렇게 학원도 안 다니면서 이런 성적을 내기가 사실 대한민국에서는 쉽지 않아요, 이런 아이들 보면 대부분 특별한 경험들이 있더라고요."

"아~, 그렇군요, 사실 특별한 것은 없었던 것 같아요, 아시다시피 얌전히 앉아서 공부만 했던 아이가 아니라서…."

"한번 잘 생각해보세요 아마, 분명히 어떤 계기가 있었을 거예요."

"네 그럴게요, 축하해줘서 너무 감사해요."

이런저런 대화를 나누고 전화는 끊었다.

나는 이때부터 큰아이에 대해서 묵상하기 시작했다. 무슨 특별한 계기가 있었을까? 어렸을 때부터 기억을 더듬어봤다. 처음 변기에 앉아서 쉬를 했을 때 아빠랑 같이 잘했다고 칭찬하며, 춤을 췄던 기억이 났다. 그러면서 특별한 건 아니지만 몇 가지 기억들이 생각났다. 글을 배울 때 같은 글자를 보면 끊임없이 "이게 뭐예요?" 하고 질문하고 나는 끊임없이 대답해준 기억. 그리고 책을 좋아해서 저녁에 자기 전에 읽어달라고 책을 가져오면 졸면서 읽어줬던 기억.

한글 공부 따로 안 하고 책으로만 한글을 4살에 읽고 쓰는 걸 뗐던 기억. 무엇을 하든지 끝을 보는 성향이 있었던 것 같다. 5살 유치원 때부터 한글 모르는 친구들에게 선생님을 도와 한글을 가르쳤던 아이다. 선생님께 얼마나 많은 칭찬을 들었을지는 안 봐도 알 것 같다. 초등학교 2학년 때 한자 7급 자격시험을 보는데 시험 전날 나랑 같이 10시까지 공부했던 기억이 있다. 다음 날 시험을 보고 왔는데, 학교에서 제일 잘 봤나 보다. 대표로 상까지 받은 것이다.

그 후로도 이 아이는 많은 다양한 활동에서 항상 칭찬받는 아이였다. 학교 숙제하는 것을 너무 좋아해 학교만 갔다 오면 집에 와서 숙제하는 게 너무 즐겁고 행복한 아이였다. 숙제가 많지 않은 게 항상 아쉬웠던 아이. 친구들이 큰아이와 놀려면 당연히 숙제를 먼저 해야 했기에 또래 친구들의 엄마들 사이에서도 우리 큰아이하고만 놀라고 할 정도였다. 학교 대표로 대회도 많이 나가기도 했던 아이.

고학년이 되어 교육청에서 영재교육원 학생을 선발하는데 큰아이가 너무도 당연히 선발되었다. 그때 당시에 영재교육원에 들어가려고 학원까지 다니는 아이가 있다는 말도 들었다. 이렇게 이 아이는 작은 것에서부터 큰 것까지 끊임없이 성공하고 있었다. 사실 돌이켜보니 실패해본 경험이 거의 없었던 것 같다. 자연스럽게 성공의 유전자가 만들어진 것이다.

용감하게도 고등학교 교과 과정을 구경도 못해 보고 간 고등학교에서 이 성공의 유전자는 빛을 발하기 시작했다. 고1 때만 해도 성적이 중상위에서 머물렀다. 고2 올라가서 제대로 발동하기 시작했다. 진짜 꿈과 목표가 생긴 것이다. 고려대학교 경영학과가 1차 목표였다. 이때부터 제대로 공부하기 시작한 것 같다. 아마 딸 인생에서 가장 열심히 한 시절이지 않을까 싶다. 기숙사 복도에서 새벽 3시까지 공부했다는 이야기를 들었을 때 참 마음이 아프기도 했다. 하지만 꿈을 위해 죽을힘을 다해 공부를 했다는 그 경험에 나는 박수를 보냈다. 인생에 살면서 죽을힘을 다해본 경험이 얼마나 큰 자산이 되는지는 내 나이가 되고 보니 알 것 같다. 그렇게 성적이 수직 상승해 졸업할 때까지 1, 2등을 놓치지 않았다.

큰아이 이야기를 간략하게나마 구구절절 쓰는 이유가 있다. 이렇게 작은 성공을 맛본 사람은 큰 성공도 이룰 수 있다는 말을 하고 싶은 것이다. 작은 성공의 경험들이 큰 성공으로 이끌기 때문이다. 어떻게 하면 성공하는지를 이미 체득했기 때문이다. 기억을 더듬어보건대 이 아이는 시험에서 단 한 번도 떨어져 본 적이 없는 아이다. 실패를 안 해봤기 때문에 걱정하는 사람들도 있다. 하지만 이 아이는 이미 어떻게 하면 합격할 수 있고 성공할 수 있는지 이미 프로세스를 가지고 있고 체득했다. 그리고 그 방법을 반복하며 실패하지 않고 모든 시험에 합격할 수 있었던 것이다.

투자도 마찬가지다. 작은 수익을 많이 내본 사람이 큰 수익도 낼 수 있다. 특히, 지분 투자에서는 정말 중요한 이야기다.

지분 투자 하면서 가장 투자하고 싶은 회사가 있다. 대표이사의 이력 중에 회사를 설립해서 한 번이라도 성공해본 대표를 가장 좋아한다. 왜냐하면 성공을 해본 대표이사는 이미 회사를 설립해서 성공해본 경험이 있기에 성공의 유전자가 만들어져 있기 때문이다. 즉, 어떻게 하면 회사를 설립해서 성공시킬 수 있는가에 대한 정확한 프로세스를 가지고 있고 이미 체득되어 있기 때문이다.

투자가 두려운 사람들의 그 속마음을 보면 성공해보지 못한 두려움 때문이다. 투자해서 한두 번 성공을 해보면 내가 어떻게 했을 때 성공을 했는지 경험할 수 있다. 그러나 어떻게 하면 성공할지 잘 모르는 사람들은 항상 두려움이 앞선다. 투자에서 성공해보지 못한 자신에게 확신이 없어서이기도 하다.

어떤 일이든지 성공을 하려면 작은 성공들이 모여야 한다. 그리고 그 작은 성공들이 모여 큰 성공을 이룬다. 100배 수익을 내신 분이 하루아침에 수익을 낸 게 아니다. 거의 30여 년을 투자 활동을 하면서 수많은 작은 성공들을 통해 성공 투자의 프로세스가 만들어진 것이다. 나의 스승님도 마찬가지시다. 최소한 원금을 잃지 않는 투자의 프로세스를 만드시기까지 얼마나 많은 공부를 하셨을까? 변호사보다도 법을 더 많이 연구하셨다고 하셨다. 투자도 철저하게 프로세스에 의해서 움직인다. 나만의 성공 투자 프로세스를 확립해놓고 그대로만 계속적으로 반복하면 되는 것이다. 그러면 어느 날 큰 성공이 내 앞에 펼쳐져 있을 것이다.

따라하면 돈 버는 주식 투자 비법

투자의 씨를 옥토에 뿌려라

지분 투자는 농부가 밭에 씨를 뿌리는 마음으로 기업에 돈의 씨를 뿌리는 작업이다. 어느 농부가 오늘 씨 뿌리고 내일 수확할 것을 기대하고 씨를 뿌릴까? 투자도 마찬가지다. 오늘 투자했다고 해서 내일 당장 수익이 나는 게 아니다. 투자는 자식을 낳아 키우는 마음으로 해야 한다. 내 인생을 바꿔주는 일인데 그렇게 쉽게 될 리가 있겠는가? 투자는 그만큼 기다려야 하는 일이다.

신약성경의 마태복음을 보면 씨 뿌리는 자의 비유(마태복음 13: 1~23)에 대한 내용이 있다.

이 말씀을 조용히 묵상하게 되었다. 그 동안 투자했던 종목과 과정들이 주마등처럼 지나갔다.

마태복음 13장 3절: 예수께서 비유로 여러 가지를 그들에게 말씀하여 이르시되 씨를 뿌리는 자가 뿌리러 나가서

여기서 씨를 뿌리는 자는 나 같은 전문 투자자가 되겠다. 더 나아가 투자라는 이름으로 투자 활동을 하고 있는 모든 자를 지칭한다고 가정하고 분석해보자.

마태복음 13장 4절: 뿌릴 새 더러는 길 가에 떨어지매 새들이 와서 먹어버렸고

이 경우는 제대로 알아보지 않고 투자를 권유한 사람이 10배 수익이 난다는 말만 듣고 투자라는 이름으로 투자한 경우를 말할 수 있겠다. 이 말은 중간유통업자들한테 돈을 다 빼앗긴 경우다. 사실 앞의 몇 가지 사례에서 봤듯이 그들이 그렇게 실패에 가까워진 게 투자한 회사의 문제는 아니다. 예를 들면 대부분의 사람들은 10억을 투자했다면 투자한 회사에 그 10억이 다 들어갔을 것이라고 생각한다. 그러나 사실 그 속을 들여다보면 그렇지 않다. 나는 이런 경우에 수많은 피해자를 양산해내는 경우를 너무 많이 봐왔다. '이희진 사태'가 그런 경우 중 하나라고 할 수 있다. 그 종목을 유통시킨 유통업자들의 폭리에 의해 만들어진 상황이다. 이런 경우가 이 말씀에 부합된 사례라고 생각해보았다.

마태복음 13장 5~6절: 더러는 흙이 얕은 돌밭에 떨어지매 흙이 깊지

아니하므로 곧 싹이 나오나 해가 돋은 후에 타서 뿌리가 없으므로 말랐
고,

분석해보니 정말 좋은 종목이라고 생각하고 들어갔는데, 대표이사가
사기꾼이어서 돈만 받아먹고 날라버린 경우일 듯하다. E기업이 있었다.
너무 좋은 기업이었다. 연 매출도 몇 백억씩 나는 회사였다. 나뿐만이 아
니라 정말 많은 기업과 기관에서 투자했던 회사였다. 사실 이 종목에 매
료되어 많은 기대를 했던 종목이다. IPO 진행을 하자고 할 정도로 좋은
회사였다. 문제가 있었다는 걸 알기 전까지는 말이다. 나중에 보니 이 회
사 대표는 매출이며 모든 것을 다 속였다. 많은 기관들까지도 속을 정도
면 우리 같은 개인은 말할 것도 없다. 이 회사는 이렇게 엄청난 사기 해
프닝만 남기고 역사 속으로 사라졌다. 그 피해의 여파는 꽤 오래 갔었던
기억이 있다.

마태복음 13장 7절: 더러는 가시떨기 위에 떨어지매 가시가 자라서 기
운을 막았고

M기업 이야기다. 분석해보니 정말 좋은 종목인 건 맞았다. 그래서 투
자를 했다. 그런데 실수한 게 투자 후에 대표이사를 만난 것이다. 종목을
소개해준 분이 너무 믿을 만한 분이라고 생각하고 그분만 믿고 투자를
했던 것이다. 투자 후 대표이사의 협박과 징징거림이 시작됐다. 추가투
자 안 해주면 회사가 망한다느니 하면서 협박 아닌 협박을 해왔다. 이런

대표는 또 처음 봤다. 이것뿐만이 아니다. 주주들 사이를 이간질을 시키는데 더 이상 보고 있을 수는 없어서 불러다가 처음으로 혼내기도 했다. 다양하게 투자하다 보니 이런 경우도 생기는 것이었다. 이러한 경험이 최소한 대표이사를 3번 이상 만나고 투자하게 된 계기가 되었다. 이 회사 대표도 3번 정도 만났으면 성향 파악이 충분히 되어 절대 투자하지 않았을 것이다.

마태복음 13장 8절: 더러는 좋은 땅에 떨어지매 어떤 것은 백 배, 어떤 것은 육십 배, 어떤 것은 삼십 배의 결실을 하였느니라.

정말 좋은 종목에 투자한 경우를 말하겠다. 대표이사는 물론 사업 아이템도 두말 할 것도 없이 완벽한 경우이겠다. 사실 위의 3개 회사 빼고는 거의 다 좋은 기업들이다.

이런 성경의 말씀들이 신앙생활에서만 적용된다고 생각했었다. 그러나 나의 모든 삶에 적용이 된다는 것을 씨 뿌리는 비유의 말씀을 통해 또한 번 경험하게 되었다.

투자 활동을 해보니 투자라는 게 정말 자식을 낳아 기르는 마음으로 해야 한다. 자식을 길러서 최소한 20년 대학 갈 때까지는 엄마의 손길이 필요하다. 투자한 기업도 그런 마음으로 봐야 한다. 투자를 했다는 것은 이미 그 기업의 주인이 되었다는 말이다. 그래서 내 기업, 내 사업체가 되는 것이다. 그러므로 대표이사와 함께 성장할 수 있게 최선을 다해야한다. 돈을 투자해줬다고 나 몰라라 내버려 두면 안 된다.

나는 내가 투자한 회사에 단순히 자금만 투자해주는 게 아니다. 정말자식을 낳아 키우는 마음으로 돌본다. 아이가 어렸을 때를 기억해보라. 뭐가 필요한지 아이들의 니즈를 파악해서 불편함이 없게 최선을 다한다. 나는 내가 투자한 회사를 그렇게 돌본다. 회사에 필요한 게 있나? 뭐가더 필요한가? 내가 해줄 수 있는 게 뭐가 있을까? 대표이사의 니즈를 파악해서 내가 할 수 있는 범위 내에서 최선을 다한다. 물론 옥토에 투자의씨를 뿌린 경우에 해당된다. 자식을 낳아 정성을 다해 키웠더니 어느 날멋진 사회의 일원이 되듯, 내가 정성을 다해 키운 기업들도 어느 날 정말멋지게 성장해 있을 것이다.

B회사가 있다. 물론 내가 투자한 기업이다. 이 회사의 기술력은 대한민국에서는 물론 미국에서도 인정한 세계 최초와 세계 최고의 기술력을가지고 있는 회사다. 그러다 보니 다양한 나라에서 기술에 대한 문의가오는 그런 회사였다. 우리나라에서는 기술적으로 받을 수 있는 모든 인증을 받은 상태다. 기술적인 부분으로는 완벽한 회사였다. 매출이 관급과 사급으로 만들어지는 형태였다.
관급 관련해서 사업하고 있는 사람과 투자 관련해서 이야기하다가 이

기업 이야기가 나왔다. 본인이 어차피 관급을 다루고 있으니 여러 곳의 기관장을 소개해주겠다는 것이다. 그러면서 이 회사 물건을 한번 취급해 보겠다는 이야기였다. 이분은 그러면서 영업 조직은 아니지만 전국 조직으로 되어 있는 한 단체를 소개해주었다. 그렇게 해서 단체들과 연결이 되었다. 단체의 회장님께서 B회사의 제품을 보시더니 친환경 제품이고, 너무 좋은 제품이라며 칭찬을 하셨다. 그렇게 해서 B회사와 업무협약을 하고 일을 진행 중이다. 아마 좋은 소식들이 많이 들려올 것이다.

나는 이 회사의 주주이기 때문에 이런 일에 대해서는 어떤 대가를 바라지는 않는다. 내가 회사 주인으로서 매출 올리는 데 당연히 해야 할 일을 한 것일 뿐이다. 나는 이렇게 회사의 매출 올리는 일이라면 내가 할 수 있는 범위 내에서 최선을 다한다.

자녀들을 낳고 어렸을 때는 앞으로 누가 어떻게 될지는 아무도 모른다. 초등학교 가고, 중학교 가고, 고등학교 갈 때야 앞으로 이 아이가 어떻게 될지 가늠이 된다. 이렇듯, 투자에서도 마찬가지다. 분명히 옥토에 투자의 씨를 뿌렸다고 생각하지만, 자라다 보니 아닐 수도 있다. 그렇다고 투자에 대해 실패한 이유와 성공한 이유를 딱 잘라서 한마디로 표현할 수는 없다. 너무도 다양한 이유들이 많기 때문이다. 그 이유들을 다 적을 수는 없다. 너무 광범위하고 너무도 자잘한 이유로 그렇게 될 때가

따라 하면 돈 버는 주식 투자 비법

있기 때문이다. 그래서 투자의 씨를 옥토에 뿌리고 자녀를 돌보듯이 잘 돌봐야 하는 이유이다. 옥토에 투자의 씨를 뿌리고 거기에 회사의 정성과 나의 정성이라는 대가가 더해지면 먼 훗날 30배, 60배, 100배의 결실을 맺을 수 있을 것이라고 나는 확신한다.

06

나만의 목표를 확실하게 설정하라

어떤 일을 하든지 목표가 가장 중요하다고 이야기한다. 목표가 곧 일의 기준이 되어주고 항해하는 배의 푯대가 되어주기 때문이다. 목표가 없으면 방향성을 잃고 만다. 우리 인생도 마찬가지다. 내 인생의 목표가 없다면 그냥 하루하루 의미 없이 보내게 될 것이다. 그러나 목표가 있는 사람들은 어떠한가? 하루하루 지나가는 게 아까울 지경이다.

자꾸 큰아이 이야기를 하게 된다. 큰아이는 어렸을 적부터 꿈이 없었던 적이 없었다. 초등학교 때는 경찰이 되고 싶었다가 수학자 책을 읽으면 세상에 이름을 길이 남길 수학자가 되고 싶다고도 했다. 하루에도 12번씩 꿈이 바뀌던 시절이었다. 세계 최초로 샴쌍둥이 수술에 성공한 존

벤슨에 대한 책 『씽크빅』을 읽고는 의사가 되겠다고도 했다. 어느 날은 한비야 책을 다 섭렵하더니, 유엔사무총장의 꿈도 가졌었다. 이렇게 꿈 많던 아이였다. 이런 크고 작은 꿈들이 누적이 되었다. 고등학교 2학년 때 선택과목으로 경제 공부를 하게 되었다. 첫 시간에 심장이 터지는 경험을 했다고 한다. 고려대학교 경영학과를 목표하게 된 게 이 심장 터지는 경험을 한 직후였다. 그러면서 큰아이는 삶의 목표를 만들었다. '고대 경영학과를 졸업하고 미국 NBA에서 경영학 석사를 한다. 그리고 맥킨지에 입사해서 5년 정도 경력을 쌓는다. 그런 후 경영 컨설턴트가 되겠다.'는 것이다. 나는 항상 그랬듯 너는 충분히 할 수 있다고 격려와 응원만 해주었다.

그렇게 목표한 대학의 경영학과에 입학했다. 1년을 잘 다니며 많은 선배들과 소통을 해보더니 2학년 돼서 목표가 약간 바뀌게 되었다. CPA(공인회계사) 공부를 해보겠다고 이수해야 할 과목을 수강 신청해 듣기 시작했다. 그렇게 2학년을 마치고 CPA 공부하겠다며 돌연 휴학을 했다. 나는 이 아이의 결정에 단 한 번도 반대해본 적이 없었기 때문에 당연히 오케이였다. 큰아이는 어떤 결정을 하든지 보통의 사람은 상상할 수 없을 만큼 다양한 케이스를 생각해보고 결정한다. 그렇게 결정이 되면 본인의 결정에 죽을힘을 다해 최선을 다하는 아이다. 그렇게 공부한 지 1년 만에 1차 시험을 보고 합격하고, 2차를 준비해 시험은 끝나고 결과만 기다리

고 있다.(이 책을 쓰고 있을 때는 열공 중이었는데 어느새 시험이 끝났다.) 나는 이 아이가
본인의 목표대로 동차 합격하고 또 다른 목표를 향해 달려갈 준비를 하
고 있는 줄을 잘 안다. 그래서인지 꽃다운 23살이지만 공부에 최적화된
옷을 입고 가방을 들고 다닌다. 신발도 운동화 외에는 신지 않는다. 젊어
서 고생은 사서도 한다고 애늙은이 같은 이야기를 한다. 30살까지 이루
고 싶은 목표가 있기 때문에 그런 눈에 보이는 것은 아무것도 아니라고
이야기하는 아이다.

어느 날 나는 왜 이렇게 열심히, 목숨 걸고 공부하냐고 물어본 적이 있
다. 부모로서 가슴 아픈 이야기지만 큰아이의 대답이다.

"엄마 나는 내 인생의, 삶의 레벨을 올리고 싶어. 그래서 고시도 생각
해봤지만, 아빠를 보니 공무원은 아닌 것 같아. 그래서 CPA를 통해 한
레벨 올리고 합격한 후에는 멈추지 않고 삶의 레벨을 한 단계 더 높이기
위해 또 다른 도전을 할 거야. 주변에 같이 공부하는 사람들이 나보고 나
이 깡패라고 했어. 어린 내 나이를 너무 부러워해. 그래서 끊임없이 도전
할 거야."

큰아이와 대화를 하다 보면 내가 배우는 게 더 많다. 내가 우리 가정의
레벨을 올리기 위해 애쓴 시간들이 헛되지 않았음을 알고 너무 고마웠
다. 엄마의 뼈를 깎는 노력을 큰아이는 이미 알고 느끼고 있었다. 아빠도

따라 하면 돈 버는 주식 투자 비법

공무원으로서 최선을 다해 멈추지 않고 끊임없는 도전을 하고 있지만, 엄마인 나 역시 지칠 줄 모르는 도전정신으로 여기까지 왔다. 나는 앞만 보고 달려왔다고 생각했는데, 큰아이는 그런 엄마의 등을 보며, 그렇게 살아야 한다는 것을 본능적으로 깨달은 것 같다. 어느 책에서 본 내용이 생각난다. '자녀들은 부모의 등을 보며 자란다.' 어떤 목표를 가지고 어떻게 살아야 하는지 단 한 번도 말한 적은 없지만 은연중에 행동이나 말을 통해서 자연스럽게 큰아이에게 전달되었나 보다. 그걸 믿고 실천하고 있는 큰아이가 내 딸이지만 정말 존경스럽다.

지인 중에 S라는 사람이 있다. 10년을 알고 지내는 사람이다. 성공의 유전자도 없고, 목표도 없이 그냥 하루하루 살아가는 사람이다. 최근에는 이상한 사기꾼한테 속을 뻔한 걸 내가 구해준 적도 있다. 사실 나의 에너지를 잡아먹는 에너지 뱀파이어다. 그래서 손을 놔버리고 싶으나 어쩔 수 없이 인연을 이어가고 있다. 일주일에 한 번씩 사무실에 와서 마인드 교육을 받겠다고 해서 오라고 했다.

"먼저 꿈과 목표를 가져야 해요. 목표가 뭐예요?"
"저는 목표가 월 천 여사 되는 거예요."

월 천만 원을 버는 것이 목표라는 것이다.

"그러면 월 천 여사가 되기 위해 죽을힘을 다해 뭐를 해봤어요? 그리고 그 목표를 달성하기 위해 지금 무엇을 해야 할까요?"

"잘 모르겠어요. 죽을힘을 다한다는 게 무슨 말인지 모르겠어요."

이분처럼 죽을힘을 다해 뭔가를 해보지 않은 사람은 모른다. 어떻게 하는지조차도.

"월 천만 원 수입이라는 목표를 달성하기 위해서 뭘 해야 할지 지금부터 알려드릴게요. 한 달에 천만 원 수입이 목표입니다. 그럼 25일 일한다고 가정하고 하루 매출이 얼마가 나와야 되죠? 40만 원은 나와야겠죠? 비용까지 계산하면 최소한 45만 원은 나와야겠죠?"

"네 그러네요."

"그럼 하루에 8시간 일한다고 생각하고 최소한 시간당 5.5만 원은 벌어야겠네요."

"네 그렇죠."

"그럼 지금 뭘 해야 할까요?"

"……."

"어떻게 하면 시간당 5.5만 원을 벌 수 있을까 연구해야죠. 만약에 시간당 5.5만 원을 못 벌 것 같으면 근무시간을 늘리는 겁니다. 이해가 되시나요?"

"아, 이제 좀 알겠어요."

"돈 그냥 버는 거 아닙니다. 돈도 벌어본 사람이 잘 벌 수 있는 거예요. 한 달에 천만 원을 한 번도 벌어본 적이 없으니 당연히 어려울 수밖에 없죠. 어떻게 하면 월 천만 원을 벌 수 있을지 더 연구해보세요. 그리고 단 하루라도 목표한 매출을 달성해보세요. 날을 새는 한이 있더라도…, 그럼 죽을힘을 다한다는 게, 죽을힘을 다해 목표를 달성한다는 게 어떤 것인지 알게 될 겁니다."

"네, 한번 해볼게요."

그러게 하겠다고 약속하고 돌아갔다. 지금 어떻게 하고 있는지 물어보진 않았다. 어쨌든 본인의 몫이고 본인의 인생이니 정말 월 천만 원을 간절히 원한다면 나를 다시 찾아올 것이라고 생각한다.

보통의 사람들에게 지분 투자에 대해 이야기를 하면 다들 투자에 대한 두려움이 있다. 이것은 투자에 대한 두려움이 아니라 불확실성에 대한 두려움이라고 생각한다. 그래서 목표가 반드시 필요하다. 목표 없는 배는 어디로 가야 할지 방향을 잃고 바다를 헤매고 다닌다. 투자에서는 특히나 더 그렇다. 내가 어떤 종목에 투자하기 전부터 회수에 대한 확고한 구체적인 목표가 설정이 되어야 한다. 그렇다면 그 불확실성에 대한 두려움은 상쇄된다. 기업의 지분 투자에서는 분명한 구체적인 목표와 방향성이 반드시 필요하다.

나는 목표에 대해 3가지를 말하고 싶다.

첫 번째는 돈에 대한 목표이다. 사람들은 대부분 그냥 생각 없이 투자를 한다. 예를 들면 이런 것이다. 옆에 사람이 10년 후에 100억대 자산가가 된다고 하니, 나의 형편이나 나의 성향은 하나도 생각하지 않고 '그럼 나도 10년 후에 100억을 목표로 해야지.'라고 결정을 한다. 이런 사람은 내 목표가 아니기 때문에 쉽게 포기한다. 위의 S라는 지인이 그런 경우라고 생각한다. 요즘 트렌드가 월 천 여사라고 하니 본인도 월 천 여사의 대열에 껴보고 싶은 마음 그 이상도 그 이하도 아닌 것 같다. 정말 간절히 원한다면 나에게 어떻게 해야 하는지 끊임없이 물어야 하는데, 그 뒤로 몇 달이 지나도록 단 한 번도 물어보지 않는다.

그러나 나의 돈에 대한 목표가 확실하고 간절하다면 그렇지 않을 것이다. 나의 20년 후의 목표가 50억이라고 가정해보자. 50억을 만들기 위한 기간별 목표가 필요하다. 먼저는 투자를 시작할 시드머니가 필요하겠다. 돈도 없이 투자를 할 수는 없기 때문이다. 시드머니 3억을 5년 안에 만들어보겠다는 목표가 세워져야 한다. 그러면 현재 나는 무엇을 하며 돈을 벌고 있어야 할까에 대한 답이 나온다. 현재 하고 있는 일에 최선을 다해서 한 달에 약 500만 원씩을 모으고 있어야 할 것이다. 내 한 달 수입이 그렇게 안 된다면 어떻게 할 것인가에 대해 더 연구를 해봐야 한다. 그러면 투잡을 하든지, 아니면 내가 하는 일에 더 전문성을 갖춰서 나의 몸값을 올려야 하는 등의 노력이 필요할 것이다. 꼭 그렇게까지 해야 하냐고 이런 걸 귀찮아하는 사람도 있다. 계속적으로 이야기하겠지만 세상에 공짜는 없다. 부자가 된다는데, 이 정도의 수고와 노력도 안 하고 부자가 절대 될 수 없다. 부자가 되려면 이러한 수고와 노력은 반드시 필요하다.

두 번째는 수익률에 대한 목표이다. 몇 개 업체에서 투자를 유치하기 위해서 했던 터무니없는 수익률에 길들여져 있는 사람이 많다. 그렇다 보니 상담하면서 나도 힘들 때가 많다.

"목표 수익률 3년에 50% 정도만 보고 진행해보세요."

이러면 어이없어 한다.

"지분 투자하면 500%, 1,000% 수익 나는 거 아니에요?"

"그런 수익률을 원하시면 최소한 5년 10년 이상은 홀딩 하셔야 합니다. 그래도 그 수익률이 날지 안 날지는 아무도 모릅니다. 3년에 50%도 은행 이율에 비하면 어마어마한 수익률이에요."

"뭣이 그런답니까? 다른 데는 500% 수익 난다고 그러던데요?"

"그럼 다른 데 가셔서 500% 리스크도 감수하세요."

그러면서 이렇게 되묻는다.

"그럼 진짜 500% 리스크도 감수하실 수 있겠어요?"

그럼 아무 말도 하지 않는다. 은행은 이율이 1%이기 때문에 리스크도 1%다. 하이리스크 하이리턴이라는 뜻이다. 워런 버핏도 연 수익률이 30%를 넘지 않았다고 앞서 이야기했다. 남이 하는 말에 귀 기울이지 말라. 남은 남이고 나는 나다. 자기만의 수익률에 대한 목표를 가져라. 예를 들면 나는 연 20% 목표로 투자한다. 그리고 연 20%가 달성되면 그냥 매도하면 된다. 그리고 남들이 뭐라든 내 목표를 지키면 된다.

세 번째는 기간에 대한 목표다. '나는 3년을 목표로 투자해야지.' 이런 목표로 투자했으면 3년 기다려보는 것이다. 3년 기다렸는데, 30% 수익률일 수도 있고, 정말 운이 좋게도 300%가 나 있을 수도 있다. 아무도 모른다. 나는 5년은 보유하고 있어야겠다고 결정했다면 누가 뭐라든 그렇게 하면 된다. 그리고 수익률이 얼마가 되든지 엑시트를 하면 된다. 그냥 내 목표대로 하면 된다. 사람들은 자신만의 확고한 목표가 없기 때문에 다른 사람의 말에 휘둘린다. 그래서 나에 대한 확신, 내 돈에 대한 확신, 내가 투자한 종목에 대한 확신을 가지고 투자에 임해야 한다.

나는 목표를 아주 소중히 생각하는 사람이다. 목표가 있고 없고의 차이가 삶의 질의 차이로 이어지기 때문이다. 꼭 투자에서뿐만이 아니라 각자 자기 인생의 목표 또한 꼭 필요하다고 생각한다.

한때 대한민국을 강타했던 〈스카이 캐슬〉이라는 드라마를 보면서 많은 사람들이 느끼는 바가 많았을 것이다. 부모 본인들의 인생의 목표가 부모 자신이 아닌 자식에게 맞춰졌을 때 서로가 느껴야 할 고통의 무게 말이다. 그래서 자녀를 향한 목표가 부모의 목표가 되어서는 안 된다고 생각한다. 부모는 부모로서의 목표가 자녀들은 자녀로서의 목표가 확고하게 설정되기를 바란다. 부모 자식이라는 관계 이전에 한 사람이라는 인격체로 인정하고 서로의 목표와 꿈에 대해 간섭하는 것이 아니라 서로 응원해주는 관계이길 바란다.

나는 이런 관점에서 보면 기업의 지분 투자에서도 나만의 목표는 엄청 중요하다. 남들과는 상관없는 나만의 목표, 나의 스타일에 맞는 나만의 목표가 반드시 필요하다. 그리고 그 목표가 설정이 되었다면, 어떠한 상황에서도 그 목표를 향해 나아가야 한다. 그렇지 않으면 바람에 갈대가 흔들리듯 누군가의 한마디에 흔들리고 만다. 어쩌면 그동안 수많은 실패자를 양산해 내었듯 그 실패자 중의 한 사람이 내가 될 수도 있다.

07

투자 원칙을 만들고 목숨 걸고 지켜라

이 시장에 있으면서 원칙 없이 투자하는 사람들을 너무 많이 봐왔다. 아니 99%의 사람들이 원칙이 없다. 그러니 이리저리 흔들린다. 사기꾼한테 당하기도 한다. 원칙이 없기 때문이다. 장내 주식에서 몇 분 만에 매수, 매도하는 단타족들조차도 나름의 철저한 원칙을 가지고 매매를 한다. 정확한 프로세스대로 거래를 한다는 뜻이다. 그런데 하물며 몇 년을 보고 투자를 한다면서 원칙도 없이 한다는 건 석유를 들고 불구덩이에 들어가는 것과 같이 위험한 일이다. 나도 처음에는 원칙이 없었다. 그래서 돈이 될 것 같으니 죽을 줄도 모르고 달려드는 불나방처럼 달려들었다.

그러나 이제는 나름의 투자 원칙이 있다. 이 원칙은 나만의 원칙은 아

따라 하면 돈 버는 주식 투자 비법

니다. 모든 부자들의 원칙이다. 이들은 수익률 100%, 500%가 문제가 아니다. 가장 중요한 것은 원금을 지키는 원칙이다. 수익률 10배라고 해서 수익률만 보고 투자했지만, 원금까지 날린 경우를 경험해본 사람은 아마 이 말의 의미를 잘 이해할 것이다. 어쨌든 원금만큼은 지키고 있어야 그 다음을 도모할 수 있기 때문이다.

워런 버핏도 많은 투자 원칙들이 있다.

1원칙은 원금을 지키는 것.

2원칙은 1원칙을 잊지 않는 것이다.

이 원칙은 기본 중의 기본이다. 이런 원칙뿐만 아니라 나만의 내 돈을 지키고 내 돈을 불리는 투자 원칙이 꼭 설정되어 있어야 한다.

왜 그래야 하는지 이해하기 쉽게 장내 주식으로 예를 들어보자.

나의 목표 수익률이 10%다. 그러면 내가 산 주식이 수익률 10%가 되면 과감하게 미련도 없이 매도를 하는 것이다. 끊임없이 오르는 종목은 없기 때문이다. 그 종목이 너무 좋은 종목이라면 가격이 빠질 때 다시 매수한다. 그리고 목표 수익률이 오면 매도한다. 이런 나만의 매매 원칙을 만들어놓고 이걸 끊임없이 반복하면 된다.

기관들은 이렇게 매도를 한다. 정확한 거래 원칙을 가지고 매매를 한다는 뜻이다. 이건 어떤 투자든 다 적용된다. 왜 개미들이 세력의 밥이 되는지 알겠는가? 바로 이런 원칙이 없이 부화뇌동하기 때문이다. 매수한 종목이 좀 오르면 더 오를까 봐 못 팔고, 빠지면 다시 오르겠지, 하며 또 못 판다. 그래서 개미들만 열심히 돈을 잃고 있는 것이다. 기관들의 매매는 얼음처럼 차갑다. 목표 수익률에 도달하면 미련도 없이 기계처럼 매도한다.

왜 이렇게 원칙을 가지고 투자해야 하는지 또 하나 예를 들어보자.

투자원금이 100만 원이 있다. 이 100만 원을 투자했다. 그런데 −50%가 되었다. 그러면 나의 투자원금은 50만 원이 되었다. 이 50만 원이 나의 처음 투자원금 100만 원이 되려면 100%의 수익률이 필요하다. 이해가 되는가? 손실률은 분명히 50%였는데, 이 돈을 회복하려면 50만 원의 100%인 50만 원이 필요하다는 뜻이다.

상담하러 오신 분들에게 왜 원칙을 가지고 투자를 해야 하는지 이런 원리들을 설명해주면 잘 이해하지 못한다. 그래서 이렇게 산수로 단순 계산을 해준다. 그러면서 왜 원금을 지켜야 하는지 왜 원칙을 가지고 투자에 임해야 하는지 그때서야 이해를 한다. 나는 손절을 별로 좋아하지 않는다. 그러나 정말 가능성이 없는 종목은 이런 이유로 손절을 하게 한다. 그리고 미련도 갖지 말고 쳐다도 보지 말라고 이야기한다. 왜냐하면 좋은 종목은 너무도 많기 때문이다. 그럼에도 종목을 너무 사랑한 나머지 매도를 못 해 더 큰 손해를 보는 경우를 많이 봤다. 그래서 우리의 개미 투자자들은 항상 세력의 밥이 되는지도 모르겠다. 아니 세력은 개미들의 그런 심리를 그 누구보다도 잘 알고 있다. 세력에게 당하지 않으려면 수익률에 대한 나만의 목표가 필요한 거고, 그 목표를 지키는 나만의 원칙이 필요한 것이다. 정말 투자는 얼음처럼 차가워야 하고 기계처럼 해야 한다.

지인 중에 L이라는 분이 계신다. 어느 날 금요일이었던 것 같다. 숨이 넘어가는 목소리로 전화가 왔다. 전화가 와서는 다짜고짜 살려달라고 한다.

"나 좀 살려줘요."
"무슨 일이세요?"

"증권사 직원이 이것저것 투자하라고 해서 투자했는데 마이너스가 너무 많이 났어요."
"전화 끊고 얼른 사무실로 오세요."

이렇게 이분의 다급한 전화에 약간은 멘붕이 왔다. 사무실과 가까이 사시는 분이라 금방 오셨다.

"어디 증권 계좌 좀 보여주세요."

증권계좌를 봤더니 가관도 아니다. 손실이 50% 이상 나 있었다. 지금도 생각만 하면 가슴이 답답하다.

"아니 어쩜 이렇게 되도록 왜 그대로 놔두셨어요?"
"증권계좌에 돈을 좀 넣어놨더니 어느 날 증권사 직원이 전화가 와서 이것저것 사라고 하더라고요. 그래서 하라는 대로 매수하다 보니 이렇게 됐네요."

정말 할 말이 없었다. 종목도 30종목은 된 것 같다. 총 매수 금액은 2억 원 이상이었다.

"아니, 다 대응도 안 될 텐데 무슨 종목이 이렇게나 많아요?"

종목별로 보니 40~60% 정도 손실이었다. 2억 원이 넘는 돈이 1억도 안 돼 있는 것이다. 종목별로 보니 오전 내내 거래된 거래량이 3만 주도 안 되는 종목도 있었다. 그중 4종목은 거래정지 상태였다. 코넥스 종목도 4종목 정도 있었다.
정말 총체적 난관이었다.

"L선생님, 아쉬워도 이거 그냥 다 매도해야겠어요. 저도 손절 좋아하

따라 하면 돈 버는 주식 투자 비법

진 않지만 회복 가능성이 거의 없어요. 아니면 3~5년 기다리든지요. 종목이 건강하다는 조건 하에요. 너무 고점에 사셨네요."

"그 증권사 직원만 믿고 샀는데, 몹쓸 직원이네."

"L선생님, 증권사 직원도 잘 몰라요. 세력 맘이지요. 증권사 직원이 잘 알면 그 직원들이 최고 부자가 됐어야지요. 그런데 그렇지 않잖아요?"

"그 직원이 팔란 말도 안 해주고, 오히려 올라가니 걱정 말라고만 해서 가지고 있었는데…."

"아니, 선생님은 어떻게 그런 원칙도 없이 어떻게 2억이 넘는 돈을 넣었대요?"

솔직히 화가 났다. 그 증권사 직원에게도 화가 났지만 L선생님 때문에 너무너무 화가 났다. 한 번이라도 나한테 물어나 보고 매수하지. 문제가 생기니 전화해서 해결해달라는 이런 상황이 나를 정말 화나게 했다. 내가 사라고 한 것도 아니고….

"일단 무조건 다 매도하셔야 돼요. 50%가 손실이면 원금이 되려면 100%가 필요하다구요. 더 좋은 종목들 많으니 일단 다 매도하세요. 가성비를 생각하셔야지요. 지금 손절해서 수익 날 종목에 갈아타면 원금회복이 더 빠를 거예요. 지금 종목으로는 5년이 지나면 회사가 살아나 있을지도 모르겠네요."

"그럼 일단 팔 수 있는 것들은 팔아볼게요."

"네, 앞으로 좋은 일만 있을 겁니다. 투자의 원칙을 가지고 투자를 하셔야 해요. 누가 사라고 한다고 사고, 팔라고 한다고 팔면 맨날 손해만 보고 후회만 해요."

그렇게 2시간 정도 상담 받고 집으로 돌아갔다. 사무실 다녀간 지 며칠 후 또 전화가 왔다.

그때 사무실 오셨을 때 팔 수 있는 것은 다 팔라고 했는데, 몇 개만 팔았다는 것이다. 그러면서 더 빠지니 그때 안 판 걸 후회하고 있었다.

"대표님이 그때 팔라고 할 때 팔았어야 했는데, 안 팔았더니 더 빠져버렸어요."

"아이고, 왜 그러셨어요? 제가 그렇게 말씀드렸건만. 미련도 없이 팔라고 그리고 팔고 나서 혹시라도 좀 올라가더라도 절대 후회도 하지 말라고."

"아니 그러려고 했는데 그날 좀 올라가는 것 같아서 더 올라갈 줄 알고요."

지금 생각해도 화가 난다. 얼마나 화가 나던지 내가 2시간 동안 열심히 온 에너지를 다해 떠든 건 뭐란 말인가? 말이 나오지 않았다. 더 가관인

건 그때 팔았던 종목이 오늘 좀 올랐다며 그때 괜히 팔았다고 한다. 나도 사람인지라 화가 머리끝까지 났다. 아무리 초보 투자자라고는 하지만 해도 너무한 것 같아서 내 말 안 들으려면 연락도 하지 말라고 이야기했다. 보통 초보 투자자들은 잘 모르기 때문에 말이라도 잘 듣는다. 그런데 이분은 지지리도 말도 안 들었다. 한 달이나 되었을까? 전화가 왔다. 스트레스로 불면증이 와서 병원 다니고 계신다고 했다. 그 뒤로 손도 못 대고 더 많은 손실만 보고 있다는 것이다. 그러면서 그때 내가 말할 때 못 판 것만 계속 후회한다는 말만 하고 있었다.

원칙 없는 자들의 전형적인 모습이다. 아마도 이런 경험이 거의 다 있을 것이다. 뜨끔한 사람도 있을 것이다. 제발 단돈 100만 원을 가지고 투자를 하더라도 나만의 원칙을 만들기 바란다. 미국의 월가에는 수많은 주식 부자들이 있다. 그러나 그들이 모두가 다 같은 방법으로 수익을 내는 것이 아니다. 자기가 만들어놓은 원칙에 의해서 흔들림 없이 투자에 임하는 사람들이다. 내가 만들어 놓은 원칙은 절대로 흔들려서는 안 된다. 대한민국에서 주식으로 돈을 벌었다는 사람을 찾기 어려운 이유가 이러한 원칙이 없이 투자를 하기 때문이다. 자신만의 원칙이 없으니 이 사람, 저 사람 말에 휘둘리는 것이다. 그래서 자신만의 확고한 원칙을 만들어야 한다. 그리고 그 원칙이 돈을 벌어줄 수 있게 프로세스화시켜서 지속적으로 반복하면 된다.

돈 버는 게 복잡하고 어렵지 않다. 모든 게 각자가 정해놓은 원칙에 의한 프로세스에 의해 지속적으로 반복하다 보면 그게 나에게 수익이라는 선물이 되는 것이다. 지금도 원칙이 없어 반복적으로 손실이 난다면 내 말에 귀를 기울이길 바란다. 악순환 구조의 원칙이 아닌 선순환 구조의 원칙을 확립하라. 그리고 그걸 목숨 걸고 지키며 나만의 선순환 프로세스를 만들어라. 그런 후 그걸 지속적으로 반복하라. 그러면 분명히 생각지도 않게 돈은 벌려 있을 것이다. 이게 바로 부자들의 부의 원칙이다.

Chapter 4 절대 실패하지 않는 7가지 투자 비법

The Secrets of Investment

부의 대물림!
지분 투자로 하라!

지금 사라! 주식 말고 사업을 사라!

사람들에게 투자를 하라고 하면 대부분의 사람들은 가장 먼저 부동산 투자를 생각한다. 안타깝게도 주식은 투자라기보다는 투기라고 생각해서 하면 안 되는 것으로 인식되어 있다. 주변에 주식으로 전 재산을 날린 사람이 한두 명은 꼭 있고, 부동산으로 몇 억 번 사람이 한두 명은 꼭 있기 때문이다. 나 역시도 주식 투자를 알기 전까지는 투자라고 하면 당연히 부동산 투자를 생각했었다. 그리고 주식 투자하면 매일 사고파는 장내 주식만을 생각했었다. 보통의 사람들이 생각하는 투자는 부자 그들에게는 투기일 뿐이다.

부자가 되고 싶다면 절대 월급쟁이가 되면 안 된다. 월급쟁이만으로는 절대 부자가 될 수 없다. 그렇다면 부자가 되려면 뭘 해야 할까? 당연히 창업을 해야 한다. 자기만의 사업을 해야 한다. 그런데 창업할 돈이 없다? 그러면 당연히 월급쟁이부터 시작해야 한다. 그리고 그 월급의 일부를 가지고 투자를 해서 돈을 만들면 된다. 그리고 창업을 하면 된다. 그러나 창업하는 것보다 더 멋지게 부자 될 수 있는 방법이 있다면 어떻게 하겠는가? 그리고 내가 직접 창업하지 않아도 된다면? 안 할 이유가 있을까?

우리는 정보의 홍수에 산다. 많은 사람들과 상담을 해보면 왜 나에게는 고급 정보가 오지 않을까? 의아해한다. 나는 두 가지라고 생각한다. 첫 번째는 고급 정보를 정보로 받아들이지 않기 때문이다. 이 말은 고급 정보를 정보라고 생각하는 게 아니라 사기꾼이 하는 이야기로 치부하고 듣고 흘러버린다. 그리고 다음이나 네이버를 찾아보고 거기에 나오지 않으면 믿으려고 하지 않는다.

그러나 상위 1%의 진짜 부자들은 오히려 우리가 생각하는 정보를 정보라고 생각하지 않는다. 그들은 다음이나 네이버 그리고 뉴스는 정보가 아니라 그냥 오천만이 다 아는 상식이라고 생각한다. 내가 3년 전, 5년 전, 7년 전에 투자했던 기업들의 정보를 포털에서 얻을 수나 있었을까? 그때만 해도 포털에서조차 검색이 안 되는, 투자해서는 안 되는 기업들이었다. 지금은 다음이나 네이버에 회사 이름만 검색해도 많은 뉴스들이

따라 하면 돈 버는 주식 투자 비법

나온다. 그러나 투자자의 기준으로 본다면 지금은 투자할 때가 아니다. 오히려 엑시트 할 때이다. 주식 격언에 "소문에 사서 뉴스에 팔아라."라는 말이 이 말이라고 생각한다.

두 번째는 스스로를 못 믿는다. 대부분의 사람들은 본인에게까지 오는 정보가 결코 정보가 아니라고 생각한다. 그만큼 스스로를 평가절하고 못 믿는다. 아니 정보를 주는 사람을 못 믿는다는 게 맞는 말일 수도 있다. 스스로의 인프라를 못 믿는 것이다. 그러나 지분시장에 대해 공부해 보면 투자 단계별로 우리 같은 개인도 투자할 수 있는 투자 단계가 분명히 있다. 아마 이 책을 읽는 독자 중에 투자에 대한 정보를 들었다면 개인도 투자할 수 있었던 투자 단계일 때일 것이다.

단계별로 공유되는 정보들이 있다. 그렇다고 잘 알지도 못하면서 아무 정보나 받아들여서는 절대 안 된다. 앞의 몇 분의 사례를 통해 이야기했듯, 그런 경우 돈을 버는 게 아니라, 내 전 재산이 날아갈 수도 있음을 명심하라. 혹시라도 정보를 들었다면, 나 같은 전문 투자자에게 꼭 물어보고, 공부하고 그렇게 투자하기를 부탁드린다. 이 지분시장이 생각처럼 그렇게 쉬운 시장이 아니다. 그러나 그렇게 해서 잘 고른 종목으로 대박이 날 수도 있다. 하지만 그만큼의 리스크도 있음을 꼭 명심해야 한다. 이 시장이 그들만의 리그일 수밖에 없는 이유이기도 하다.

"10년 동안 주식을 소유할 생각이 없다면 10분 동안도 보유할 생각조차 하지 마라."

워런 버핏의 투자 명언 중 하나이다. 만약에 워런 버핏이 주식만을 생각하고 투자를 했다면 이런 명언은 나오지 않았을 것이다. 워런 버핏은 철저하게 투자한 회사와 하나가 되어 그 기업을 성장시키는 데 기여를 해 온 사람이다. 또한, 워런 버핏은 투자를 하는 게 단순히 주식을 사는 것에 국한되는 것이 아니라고 이야기한다. 이 말은 그 회사와 동거 동락하는 관계가 된다는 것이다. 즉, 단순히 주식을 사는 게 아니라 그 사업을 사는 것이며, 사업을 같이 하는 것이라는 뜻이다. 내가 회사를 차렸는데, 하루 만에 이틀 만에 아니면 몇 달 만에 회사를 팔아버리지는 않을 것이다. 이런 의미로 보면 투자라는 것은 어떤 투자가 되었든지 쉽게 사고팔고 하는 게 아니라는 의미로 해석하면 될 듯하다.

사람들은 왜 부동산에 투자하면 10년이고 20년이고 가지고 있을 생각을 하면서, 주식에 투자하는 것은 사는 것과 동시에 팔려고만 하는 걸까? 앞서 봤듯, 같은 기간 투자 수익률을 보면 주식 투자가 훨씬 더 높은 것을 이미 확인했을 것이다. 그럼에도 부동산의 특히 아파트의 선호도가 높은 이유는 뭘까? 안전하다는 이유가 가장 높다. 아무리 부동산 가격이 오르지 않는다 해도 인플레이션만큼은 오른다. 또 하나는 집 없는 설움

264

따라 하면 돈 버는 주식 투자 비법

에 대한 욕구이지 않을까 조심스럽게 추측해본다. 이런저런 걸 다 떠나 부동산 투자하는 마음으로 주식에도 투자했으면 모두가 다 부자 되었을 것이다.

대부분 사람들은 꿈에 부풀어 호기롭게 주식을 시작한다. 가장 접근하기 쉬운 장내 주식을 중심으로 투자 활동을 시작한다. 또한 무조건 가치 있는 기업을 잘 골라내면 당장 30~40%의 수익도 충분히 낼 수 있을 것이라고 생각한다. 그리고 가치투자 책에서 알려준 대로 저평가된 기업들을 골라서 투자한다. 물론 초보자의 행운이라는 이름으로 높은 수익을 본 종목들도 생겨난다. 그 행운은 믿고 더 많은 종목에 더 많은 금액을 투자한다.

하지만, 어느 날 보니 오랜 기간 둘수록 손실률이 큰 종목이 생겨나기 시작한다. 가치투자 책에서는 분명히 가치 있는 기업은 주가가 올라갈 것이라고 했는데… 1년을 기다려도 그대로인 종목도 있다. 특히, 기술적 분석을 배우고 적용할 때는 주식을 거의 게임처럼 한다. 이동평균선을 보고 들어갔다 나왔다를 반복하면서 증권사에 수수료를 바쳐가며 거래를 이어간다. 그러다 계좌를 보면 원금조차도 바닥이 나 있는 경우가 허다하다.

물어보면, 주식 투자를 하면서 나름대로는 가치투자, 기술적 투자를 한다고 한다. 그러나 차트는 과거의 모습일 뿐, 미래를 알 수 없다. 과거에 이랬으니 이번에도 이럴 것이라는 추측은 언제든 빗나갈 수 있다. 추측은 추측일 뿐이기 때문이다. 그렇게 열심히 차트 보고 이동평균선 보고 지지와 저항을 보며 더 열심히 투자 활동을 한다고 한다. 하지만 어쩐 일인지 시간이 갈수록 손실이 커져 이 방법이 아닌가 하며 여기 기웃, 저기 기웃거리며 또 헤매는 세월을 보낸다. 이런 상황이 계속적으로 되풀이 된다. 그러다 어느 순간 주식은 하면 안 되는 것이요, 인생 말아먹는 것이라고 인식해버린다. 가장 안타까운 현실이지만 가장 많은 사람들이 겪게 되는 상황이다.

가치투자라는 미명하에 기술적 투자에만 의존한 투자는 과감히 버려야 한다. 주식을 사지 말고 사업을 사라. 주식을 산다는 것은 내가 그 회사의 대표가 되는 것과 같은 것이다. 주주 즉, 주인이 된다는 뜻이다. 회사 하나를 창업하는 마음으로 신중에 신중을 기해야 하며, 투자 결정을 했다면 내 회사를 키우는 마음으로 정성을 들여야 한다. 그렇게 5년, 10년을 보유하면 된다. 회사에 대해 궁금하면 회사에 전화도 해보라. 가능하면 대표이사도 만나보면 더 좋다. 그러나 상장사 대표들은 주주총회 외에는 개인 주주들을 잘 만나주지 않는다. 그래서 이와 같은 방법으로 투자하는 것이 지금까지 말한 시리즈 단계의 지분 투자다. 시리즈 단계의 지분 투자가 궁금하다면 010-7917-2349로 꼭 전화하라. 도와줄 것이니 상담 받고 충분히 공부한 후 투자 활동을 시작하기 바란다. 앞서 이

따라 하면 돈 버는 주식 투자 비법

야기했듯 잘못 접근하면 평생 모은 돈 다 털리고 인생이 정말 힘들어질 수 있기 때문이다.

　지분 투자야말로 기업을 사고 사업을 사는 투자다. 주주로서 대표이사와 긴밀하게 소통하며 회사의 발전을 같이 이뤄간다. 그리고 회사가 성장하고 회사의 기업가치가 높아졌을 때 그 가치를 서로 공유한다. 그렇게 5년, 10년을 같이 했을 때 진정한 부를 누릴 수 있다. 지금 당장 시작하길 권한다. 주식 말고 회사를 사라!

더 이상 허리띠를 졸라매지 말고 수입을 늘려라

아껴서 부자 되는 시기는 지났다. 이제는 옛말이다. 70~80년대 은행 이율이 20%가 넘을 때 이야기다. 그때는 허리띠 졸라매 적금만 몇 년 부어도 집도 사고 땅도 사던 시절이다. 지금은 다들 아시다시피 허리띠 졸라맨다고 부자 되는 시절이 아니다. 오히려 허리띠 졸라매고 은행에 부은 적금 믿고 있다가는 삶의 더 큰 리스크를 안을 수 있다.

돈이 없었던 시절의 너무도 가슴 아픈 이야기다. 정말 돈이 없었던 시절이었다. 아이들을 데리고 대형할인마트를 가게 되었다. 아이들은 마트를 가면 견물생심이라고 사고 싶은 것을 다 사려고 한다. 어른인 우리도 보고 있으면 없는 구매 욕구가 생기는데 아이들은 오죽하랴? 그래서 나는 아이들하고 약속을 한다. 마트 가면 꼭 사고 싶은 것 하나씩만 사자는 약속이었다. 그날도 아이들과 손가락 꼭꼭 걸고 하나씩만 사기로 약속하고 마트로 향했다. 실컷 구경하고 계산하러 가려고 이동 중이었다. 그런데 그때 당시 4살 아들이 갑자기 쇼핑카트를 등으로 막고 서 있는 것이다. 영문도 모르고 나는 아들에게 말했다.

"아들아, 왜 그래? 비켜줘야지 엄마가 가지."
"………."

등만 보인 채 아들이 말이 없다.

"왜 그래? 무슨 일이야?"

아들 앞으로 갔더니, 눈물만 뚝뚝 흘리며 서 있는 것이다. 나는 깜짝 놀라서 다시 물었다.

"아들! 무슨 일이야? 왜 그래?"

옆에 있던 누나가 그런다.

"아마 사고 싶은 게 더 있어서 그런 거 같아요."

아들은 이미 신발을 사서 미리 계산을 하고 신나게 신고 있었기 때문에 더 살 수 없음을 너무나도 잘 알고 있었다. 아들이 사고 싶은 건 이름은 잘 기억나지 않지만 트랜스포머 같은 변신로봇이었다. 그렇지 않아도 그걸 집었다 놨다 하는 것을 계속 지켜보고 있었다. 집에도 비슷한 다른 종류의 장난감이 많이 있어서 크게 신경 쓰지는 않고 있었다. '설마 사 달라고 하지는 않겠지?' 그런데 아들은 그게 너무 갖고 싶었던 모양이다. 이미 신발을 샀기 때문에 다른 것을 더 살 수 없음이 너무 슬펐던 것일까? 아무 소리도 내지 않고 눈물만 뚝뚝 흘리고 서 있는 4살 아들을 보고 있노라니 마음이 너무 아팠다. 그래서 살짝 한쪽으로 데리고 왔다.

"아들아, 로봇이 그렇게 갖고 싶어?"
"……."

또 말이 없다.
마음은 너무 갖고 싶어도 약속을 어길 수 없으니 아무 말도 못 할 수밖에 없다는 걸 뻔히 알 것 같았다.

"엄마가 이번 한 번만 로봇 사줄 테니까 다음에는 꼭 약속 지키자."
"네."

울먹이며 겨우 대답만 한다.

감사하게도 누나들도 그런 동생이 짠했는지 말했다.

"엄마, 우리는 괜찮으니까 하나 더 사줘요."

딸들에게도 너무 고마웠다. 그렇게 로봇 장난감 하나 더 사주는 걸로 마무리하고 집으로 돌아왔던 너무나도 아픈 기억이 있다.

지금 생각해보면 왜 그렇게 억척스럽게 살았을까? 애들이 얼마나 고통스러웠을까? 살아보니 무조건 아낀다고 해서 부자 되는 것도 아니었고 모아지는 것도 아니었다. 결국은 그 돈들이 어디로든지 다 사용되었다. 이렇듯 부모는 항상 못해준 것만 기억하는 것 같다. 이런 가슴 아픈 사연들 때문이었을까? 나는 아이들이 원하는 것은 물론 거기에 더불어 엄마로서 내가 해주고 싶은 것까지 해주고 싶은 엄마가 되기로 결정했다. 지금까지도 내 삶의 최고의 목표이자 꿈이다.

'뚝심이 있어야 부자가 된다!'는 카페에서 닉네임 '오백억' 님이 쓴 글 「아껴야 잘산다」에서 퍼온 글의 내용이다. 뭔가 공감되는 게 있어서 발췌해보았다.

"남편 친척 중에 외국에서 오랫동안 생활하시면서 부자가 된 분이 있습니다. 저는 그분을 결혼할 때부터 뵈었는데 때때마다 얼굴을 보여주십니다. 구정, 혹은 추석 같은 큰 명절 때는 시골에 꼭 다녀가십니다. 그리고 으레껏 수고했다고 제수씨들에게 주는 선물도 있습니다. 거금 십만원 수표를 한 장씩 나눠 주십니다. 괜히 부담스러워 다음 명절 때 뵈면 아이들 내의며 형님 화장품이며 최대한 성의를 표해서 선물을 준비했다가 드리곤 했는데 어느 날 시골 큰집 마당에서 회포를 푼 적이 있었습니다.

"아주버님, 현재 자산규모가 어찌 되는지요?"
"총매출과 총수입을 알고 싶어요."

아주버님께서는 처음에는 정성 어린 답변을 하시는가 싶더니 돈에 관한 부분에서는 함구가 아닌 언성을 높이셨습니다.

"아니, 제수씨가 그건 알아서 뭐 하려고요?"

너무나 놀라 질문할 것을 정말 후회했습니다. 술잔을 권해드리면서 기분을 풀어드리려고 다시 질문을 했습니다.

"아주버님, 어찌하면 부자가 되나요?"

"안 쓰면 부자가 됩니다."라고 하시는 것입니다. 그때도 아마 아주버님 내외분 선물을 준비한 것으로 기억납니다. 한국에 나오실 때마다 건네주는 그 십만 원짜리 수표 한 장이 부담스럽고 또 외국에서 나오시는데 그냥 있다는 것이 도저히 용납이 안 되어 마련한 물건들이 무색해져버렸습니다. 그때 이후로는 저는 선물을 준비하지 않았습니다. 아무래도 아주버님께서는 잘산다고 잘난 체한 것이 아니라 아직 젊고 아이들 어릴 적에 알뜰살뜰 해야 된다는 것을 그리 표현하신 것 같습니다. 물론 한참 후에 느낀 부분들이지만요.

외국에서 그렇게 부자 생활을 한다면서 형님은 그 흔한 목걸이 귀고리 한번 하고 나오시는 모습을 본 적이 없고 아주버님도 렌트카 한 번 사용하지 않는 것을 보고는 참 느끼는 바가 컸습니다. 시골에 오실 때마다 평균 한국 돈으로 천만 원은 쓰고 가신다는데 동네 어르신들 용돈으로 최저 십만 원에서 더 이상도 건네주시는 것을 오랫동안 본 저이기에 아주버님의 말씀이 가시 돋친 듯하기도 했답니다.

자신은 아주 많은 재화가 있기 때문에 티내는 것이 아니라 꼭 써야 할 곳은 사용하지만 나머지 부분은 절약하고 산다는 의미로 해석했습니다. 본인도 절약했기 때문에 안 쓰면 부자 된다는 말씀을 하신 것 같습니다.

273

모든 언어는 실상 살펴보면 자신의 체험담을 사용하는 경우가 참 많으므로 아주버님의 말씀이 지금까지도 뇌리에 떠나지 않고 있답니다. (중략)"

이런 내용의 글이었다. 10여 년 전에 쓴 글이니 아주버님이라는 분은 그 전에 이미 미국에서 아메리칸 드림을 이루신 분으로 추측한다. 얼마나 힘들고 아껴서 그런 부를 이루었을지 짐작해본다. 그리고 이분은 애써서 모으셨지만 그것을 나누는 법도 잘 아시는 분이시다.

앞에 서두에 말했듯이 아껴서 잘사는 시대가 분명히 있었다. 우리의 어른들은 그런 시대를 살았기 때문에 아직도 잘살려면 허리띠 졸라매야만 한다고 생각한다. 나도 허리띠를 졸라매 보고 먹을 것 못 먹고 입을 것 제대로 못 입으며 아껴봤다. 그럴수록 이제는 더 이상 아껴서 부자 되는 시절이 아닌 것임을 더 뼈저리게 느끼기만 했다.

허리띠 졸라매지 말라고 했다고 해서 오해는 하지 마시라. 무조건 돈을 팡팡 쓰고, 쓸데없는 곳에 돈을 쓰라는 의미가 절대 아니다. 위의 분처럼 아껴야 할 곳에는 자린고비처럼 아끼고 꼭 써야 할 곳에는 아낌없이 멋지게 과감하게 쓰라는 말이다. 내가 생각하고 있는 시드머니가 만들어질 때까지는 당연히 허리띠 졸라매야 한다. 허리띠 졸라매서 모은 피 같은 돈으로 수입의 파이프라인을 많이 만들라는 의미다.

나는 내가 전문 투자자로 살기 시작하면서 마음으로 결정한 게 하나 있다.

　과거의 허리띠 졸라매고 아끼는 쪽을 선택하지 않고 지출을 능가하는 수입을 만들자는 더 좋은 쪽을 선택한 것이다. 그러한 목표를 설정하고 지금까지도 잘 지켜오고 있다. 많은 사람이 아직도 "아껴야 잘사는 것 아니에요?", "부자 되려면 허리띠 졸라 매야 되지 않겠어요?" 한다. 지금은 과감하게 이야기한다. 허리띠 더 이상 졸라매지 마시라고. 아껴서 작은 부자는 될 수 있을지 몰라도 큰 부자는 되기 어렵다고. 왜 허리띠를 졸라 매는가? 지출보다 수입을 늘리면 되지 않겠는가? 수입의 파이프라인을 더 만들면 된다. 더 부자 되는 길이 있음을 이제는 알기에 나는 더 이상 허리띠를 졸라매지 않는다. 허리띠 졸라매서 부자가 되었다면 대한민국에 부자 아닌 사람은 한 사람도 없을 것이다.

내 자신이 일하게 하라

"잠자는 동안에도 돈이 들어오는 방법을 찾아내지 못한다면 당신은 죽을 때까지 일을 해야만 할 것이다."

– 워런 버핏

나는 이 한 문장을 볼 때마다 지금도 심장이 두근거린다. 처음 이 문장을 봤을 때의 그 충격과 이 한 문장이 나에게 준 메시지가 너무도 컸기 때문이다. 수많은 사람들이 가난에서 벗어나지 못한 이유가 내가 일하지 않아도 돈이 들어오는 시스템을 만들지 못했기 때문이라고 생각한다. 어느 네이버 카페에서 "푼돈이 목돈 된다!"를 릴레이처럼 외치는 것을 보았다. 내용을 보니 적게는 몇 십 원부터 많게는 몇 천 원을 벌 수 있는 다양한 방법들을 공유하고 있었다. 물론 그 말이 틀렸다는 게 아니다. 몇 십원 몇 백 원 모아서 언제 어떻게 목돈을 만들 것인가? 방법론적인 부분에서 명쾌한 답이 없었기 때문에 지금의 내 입장에서 봤을 때 좀 아쉬움이 있었다. 푼돈이 목돈이 된다고 외치지만 이 작은 푼돈들을 가지고 어떻게 해서 목돈을 만들 것인가에 대해서 구체적인 방법이 있었더라면 정말 좋은 운동이라고 생각했다. 앞에서 이야기했듯 푼돈을 모으기 위해서는 허리띠를 졸라매야 한다는 뜻인데, 푼돈은 아무리 모아도 푼돈일 뿐이다. 이 푼돈을 어떻게 목돈으로 만들 것인가에 대한 명쾌한 답이 없는한은.

푼돈으로 목돈을 만들기 위해 사람들은 무엇인가를 한다. 어떤 사람들은 저축을 할 것이고, 어떤 사람들은 투자를 할 것이다. 저축과 투자의 정확한 뜻을 알고 싶어 사전을 찾아서 보니 저축은 절약하여 모아두는 것이고, 투자는 이익을 얻기 위하여 주권·채권 따위에 자금을 돌리는 일이다. 저축을 하는 사람은 안전하고 원금손실이 없으며, 많든 적든 꼬박꼬박 약속된 이자가 붙기 때문에 선호한다. 반면 투자를 선택하는 사람들은 리스크를 고려하더라도 저축보다는 더 많은 수익을 얻을 수 있기에 선호한다.

저축이든 투자든 단순히 생각하면 나름대로 합리적인 이유가 있다. 그러나 저축과 투자에서 가장 먼저 고려해야 할 사항이 있다. 저축의 이자도 투자의 리스크도 아니다. 그건 바로 "인플레이션(물가상승률)"이다.

저축을 하더라도 그 수익률이 인플레이션(물가상승률)을 초과하지 못한다면 그것은 수익률을 올리는 것이 아니다. 다만 저축한 금액의 증가만 있을 뿐 실질적인 자산 가치는 떨어지는 구조다. 금고 속에 현금을 넣어두는 것과 다를 바가 없다. 지금 현재 우리나라의 기준금리는 0.75%(2020. 3. 16 기준)다. 1%도 되지 않는다. 코로나 19로 인해 기준금리가 내리기 전에는 1.25%였다. 기준금리 1.25%였을 때 은행의 실질금리는 약 2% 정도였다. 그러나 인플레이션(물가상승률)은 어떤가? 보통 2~4% 안에서 왔다 갔다 한다.

저축을 하든 투자를 하든 왜 인플레이션을 고려해야 하는지 단순 계산(산수)해보자.

2% 이율로 은행에 천만 원을 1년으로 정기예금으로 넣어놓으면 이자가 20만 원 붙는다. 여기에 세금 15.4% 떼고 나면 169,000원 정도 된다. 반면 인플레이션(물가상승률)은 2~4%, 20~40만 원이 상승했다는 말이다. 그렇다면 결국은 내 원금에서 최소한 30,800원~230,800원이 차감되는 것과 같은 이치다. 피부로 느끼지 못해서 그렇지 지금 시대에 은행에 정기예금을 해놓는다는 것은 매년 내 원금에서 손실이 나고 있다는 것이다. 투자도 마찬가지다. 투자를 했다고는 하더라도 인플레이션(물가상승률)을 넘지 못하는 수익률이라면 그 투자는 잘못된 투자가 된다. 결론적으

따라 하면 돈 버는 주식 투자 비법

로 저축을 하든지 투자를 하든지 가장 우선적으로 고려해야 하는 것은 최소한 인플레이션(물가상승률)을 상회하는 수익의 결과를 가져오는 것이다.

우리 엄마는 70세가 훌쩍 넘으셨으니 옛날 사람이다. 그러다 보니 은행에 예금하는 것 외에는 다른 것은 위험하다고 생각한다. 올해 1월에 신협에 천만 원짜리 만기 된 정기예금이 있었나 보다. 일부러 알려고 한 건 아니었다. 엄마가 필요 없는 문자를 지워달라고 하셔서 우연히 보게 된 것이다. '천만 원 만기 알립니다.' 이 문자를 보고 뭐지? 하고 확인해보니 신협에서 온 문자였다. 이자는 약 20만 원 정도였다. 그럴 것이 엄마 세대는 은행 이율에서는 엄청난 특혜를 받은 세대다. 또한 은행이 가장 안전하다고 생각하는 세대이기도 하다. 이런 분들에게 인플레이션이 어쩌고 해봤자 씨알도 안 먹히는 소리다.

1970년대 저축 이자율은 연 25% 내외였다. 인플레이션(물가상승률)은 2~3%대였다. 워런 버핏의 투자 수익률과 비교하더라도 저축만으로도 투자 수익률과 거의 맞먹는 시대였던 것이다. 1980년대 저축 이자율은 연 15% 내외였다. 인플레이션(물가상승률)은 3~4%대였다. 인플레이션(물가상승률)을 감안하더라도 연 10%가 넘는 수익률인 셈이다. 90년대만 해도 1억만 있으면 월 100만 원이 나왔다. 그래서 1억만 있어도 엄청 부자였고,

월 100만 원 정도의 이자로도 한 달을 충분히 먹고살 수 있었던 시대였다. 이런 시대를 살아왔던 우리의 어르신들은 당연히 은행을 신뢰할 수밖에 없다. 그래서 지금도 아끼고 허리띠 졸라매고 적금하면 잘살 수 있다고 생각한다.

그러나 지금은 어떤가? 10억을 은행에 예금해놓아야 이자소득으로 한 달에 100만 원 정도가 나온다. 더 나아가 100만 원 가지고는 한 달을 충분히 먹고살 수 있는 시대도 아니다. 우리는 지금 은행에 예금을 하면 오히려 내 원금이 손실이 나는 시대를 살고 있다. 그럼에도 은행의 예금을 선호하는 이유는 뭘까? 만기에 저축원금에 많든 적든 이자 금액이 붙어 나오기 때문에 돈이 불어난 것처럼 보이는 착시현상 때문이다. 이 착시현상에 갇혀 자산이 늘었다고 좋아한다. 실질적으로는 자산이 감소했음에도 원금에 이자가 붙어 나오니 자산이 증가했다고 착각에 빠지는 것이다. 열심히 일하고 허리띠 졸라매며 아끼고 아껴도 더 가난해지는 이유이다.

우리나라의 금융지수가 우간다보다 더 낮다. 지금은 우간다를 뛰어넘었다는 이야기도 어렴풋이 들었다. 그만큼 대한민국 국민이 금융에 대해 문외한이라는 것이다. 금융 문맹인 경제 공부를 한 번도 해보지 않은 우리네 부모는 공부만 열심히 해서 좋은 대학 가고 좋은 직장 들어가면

다 부자가 될 것이라고 생각하며 살았다. 그래서 부모는 죽어라 자녀들 공부시켰고, 자녀들은 죽어라 공부만 했다. 그 결과가 무엇인가? 부모는 부모대로 자녀들에게 교육비로 다 쏟아 붓느라 노후 준비가 안 되어 OECD 노인 빈곤율이 세계 최고가 되었다. 빈곤하다 보니 먹고살기 힘들어 노인들의 자살률도 세계 최고다. 자녀들은 어떤가? 자녀는 자녀들대로 가정 건사하랴, 노부모 봉양하랴, 뼈골이 빠질 지경이다. 40~50대 가장들의 생활고로 인한 자살이 언론을 통해 종종 들려온다. 동시대를 사는 40대로서 오죽하면 자살을 했을까 참으로 안타깝기 그지없다. 오죽하면 결혼도 안 하겠다. 자식도 안 낳겠다. 부모 자식 간에 각자도생하자고 하겠는가? 이게 지금의 대한민국 현실이다. 금융 문맹은 이렇듯 생존이 힘들어진다. 내 생존뿐만이 아니라 내 부모, 내 자녀들의 생존까지도.

우리가 왜 금융을 공부하고 경제를 공부해야 하는지 알겠는가? 왜 나의 피 같은 돈을 은행에서 잠자게 놔둬서는 안 되는지를 알겠는가 말이다. 지금 내 현재의 삶을 그대로 내 자식이 따라서 산다고 생각해보라. 얼마나 끔찍한가? 앞에서 언급했지만, 나는 40여 년을 살아온 내 인생 그대로 다시 40년을 더 산다고 생각하니 너무도 끔찍했고, 내 자녀들이 내 삶을 그대로 따라 산다고 생각하니 그 무엇보다 무서웠다. 그래서 나는 내 인생을 혁신하기로 맘을 먹었다. 가죽을 벗기는 고통을 감수하더라도 나의 그 가난했던 삶을 끊어내기로 결정했다. 그때부터 지금까지

쉬지 않고 달려온 것 같다. 내 삶에서 가난의 고리를 완전히 끊어내고 자본가의 삶을 살아야겠다고 다짐하고 또 다짐하며 여기까지 왔다. 나는 또한, 내 자녀들에게는 가난이 아닌 부자의 세포를 물려주고자 한다.

메리츠자산운용사의 CEO인 존 리 대표의 말을 빌려보자. 존 리 대표는 출연했던 JTBC 〈돈길만 걸어요-정산회담〉에서 이 같은 이야기를 나눴다.

"존 리는 우리나라의 노후 준비가 안 된 이유에 대해 "우리나라는 금융 문맹국이다. 돈이 일하는 것을 안 가르쳐준다. 육체적으로 일하는 것만 열심히 해야 한다고 생각한다."고 이야기한다. 또한 "누군가의 주식을 산다는 것은 그 회사의 직원들이 내 노후를 위해 일하는 것으로 볼 수 있다."고 말한다. 그러면서 "워런 버핏은 열한 살 때부터 주식 투자를 했다. 우리나라 사람들도 한 살이라도 어렸을 때부터 주식 투자를 통해 든든한 노후를 준비했으면 좋겠다."고 말한다. 이어서 존 리 대표는 "주식은 단기에 사고파는 게 아니다. 단기에 사고팔아서 30% 벌었다고 하는 건 주식이 아니라 도박이다. 10년, 20년 갖고 있으면서 10배, 100배를 버는 게 주식 투자."라고 조언했다."

존 리 대표의 말처럼 그래서 내 자산에게 어떻게 일을 하게 할지 더 깊이 공부하고, 투자의 안목을 좀 더 키우기를 바란다.

젊어서는 나와 내 자산이 일하고 늙어서는 늙지 않고 지치지 않는 내 자산에게 노동하게 하는 시스템을 꼭 만들기를 바란다. 그래서 더 이상 자녀들에게 손 벌리고, 생활고로 스스로 생을 마감하는 일이 일어나지 않기를 간절히 바란다. 언제 망가질지 모를 내 몸만 믿고 투자를 안 한다는 건 자신 스스로의 삶에 대한 배신이요, 인생의 가장 큰 리스크임을 잊지 말자. 또 하나, 이런 부자들이 전문가들이 하는 이야기에 정말 귀 기울이기를 부탁한다.

돈 버는 것도 시스템이다

장내 주식을 하는 사람들도 보면 대부분의 사람들이 매수는 정말 잘한다. 그러나 매도는 정말 못한다. 그래서 꼭 손절하는 사람들이 있다. 투자를 하다 보니 다양하게 투자하는 방법들도 서서히 터득해나가기 시작했다. 지분 투자를 직접 투자뿐만 아니라 간접적으로 투자할 수 있는 방법도 만들 수 있었다. 돈 버는 것도 시스템이다. 정확한 프로세스만 확립한다면 모두가 돈을 벌 수 있다. 다만 그 프로세스를 확립하지 못하고 이리저리 끌려 다니다 보면 돈 잃고 사람 잃고 시간만 잃어버리게 된다.

큰아이가 학년이 올라가면서 나 또한 다양한 엄마들을 만나게 되었다. 아이가 갖고 싶은 건 물론, 엄마로서 해주고 싶은 걸 원 없이 해주는, 외동을 키우는 엄마의 모습이 참 많이 부러웠다. 또한, 뉴스에 나오는 강남의 돈 많은 엄마들을 보며 무슨 일을 어떻게 하면 그들처럼 돈을 많이 벌 수 있나 항상 궁금했다. 하루는 한 강남 엄마에게 무슨 일을 하는지 물어봤다. 역시나 식당 체인점을 3개나 운영하고 있었다. 그러면서 10개까지 늘릴 것이라고 하는 것이었다. 그때 당시 나는 투자 일을 하고 있지 않아서 정말 너무너무 부러웠다.

그때부터였던 것 같다. 사업에 대해서 생각했던 게. 어떻게 하면 내가 일하지 않아도 나를 위해 일해 줄 돈과 사람들을 움직이는 시스템을 만들 수 있을까? 내가 잠자는 동안에도 나를 위해 일해 줄 사람과 돈만 있으면, 나는 무조건 부자로 살 수 있을 것 같았다. 자나 깨나 불조심이 아니라 자나 깨나 나에게 돈을, 부를 안겨줄 시스템만 생각했던 그런 시간이었다.

대한민국 대부분의 자산은 부동산 특히 아파트에 많이 치우쳐 있다. 아직도 우리나라 사람들의 투자의 생각은 부동산 특히, 아파트에 고정되어 있다.

나는 아파트는 주거의 공간이지 투자의 수단이 되어서는 안 된다고 생각한다. 모든 사람에게 필요한 먹는 것, 입는 것, 사는 곳, 즉 의식주는 특히나 투자도 아닌 투기의 대상이 되어서는 안 된다는 의미이다. 주거는 모든 사람에게 필요한 것이니 역으로 그래서 더 투기의 대상이 되었는지도 모르겠다.

어느 날, 뉴스를 하나 보게 되었다. 기억나는 대로 내용을 정리해보면 이렇다.

현 정부의 아파트 규제로 인해 서울의 일명 부동산 큰손들이 지방으로 향하고 있다. 그 지역의 주민들은 갑자기 하루아침에 몇 천씩 오르는 아파트 가격에 들떠서 너도나도 팔게 된다. 부동산은 그 특성상 계약금 먼저 주고 중도금 그리고 잔금이라는 순서로 거래가 진행된다. 일반적으로 계약금은 매매가의 10%다. 큰손들답게 계약금으로 매매가의 20%, 30%를 먼저 입금하게 된다. 또한, 주변 시세보다 몇 천을 더 주고 산다고 하니 서민인 아파트 집주인들은 그저 좋아서 너도나도 팔게 되었다. 여기까지는 너무 좋았다. 주변 시세보다 더 비싸게 팔았다고 돈 벌었다고 아파트 주인들은 뛸 듯이 기뻤다. 그러나 딱 여기까지였다. 여기서부터 문제가 시작되었다. 아파트를 판 주인들이 이사를 가야 하기 때문에 다른 아파트를 사야 하는 상황이 왔다. 하지만 주변 시세보다 높게 팔았으나 그 사이 주변 시세도 같이 올라버렸다. 시세보다 몇 천을 더 주고 사신 큰손들은 본인들이 산 가격에 절대 팔지 않는다. 서민인 아파트를 판 주인들은 아파트를 판 가격보다 몇 천을 더 주고 사야 하는 상황이 되어,

몇 천이 없어 갈 곳이 없어져버린 것이다.

한 분의 인터뷰 내용을 보았다.

"주변 시세보다 더 많이 줘서 좋다고 팔았는데, 집을 빼줘야 할 시간은 다가오고 아파트 판 돈 가지고는 다른 아파트를 살 수 없을 만큼 많이 올라버려서 길바닥에 나 앉을 상황이다."라며 "우리가 완전 속았다. 더군다나 계약을 물리고 싶어도 계약금을 너무 많이 받아서 계약금의 2배를 위약금으로 줘야 하니 그 돈이 없어 이러지도 저러지도 못하고 있다."

이 뉴스의 내용을 보니 순간의 짧은 생각으로 한 행동이 걷잡을 수 없는 상황을 만든 것에 대한 후회의 내용이었다.

부동산, 특히 아파트는 더 이상 투자의 대상이 될 수 없다. 아니 투자의 대상이 되어서는 안 된다고 생각한다. 부동산의 상승은 서민들을 힘들게 한다. 생산성이 없이 가격만 오르기 때문이다. 특히, 새로 집을 사는 사람에게는 많은 고통을 준다. 그동안 투자 아닌 투기로 인해 부메랑이 되어 결국은 내 등을 꽂는 상황을 그 누가 아닌 우리 모두가 만든 것이라고 생각한다. 더군다나 인구수는 점차 줄어들고 있다. 베이비부머 시대인 1958년부터 1970년까지 1년에 100만 명이 태어났다. 그러나 지금은 1년에 30만 명이 채 되지 않는다. 이 말의 의미를 잘 생각해보기 바란다. 그렇다고 해서 모든 지역의 부동산이 문제가 된다는 건 아니니 오해 없기를 바란다. 우리나라의 자산이 너무 부동산, 그것도 너무 아파트에 편승되어 있는 것 같아 안타까운 마음에 몇 글자 적어보았다.

대한민국의 대표기업인 삼성과 현대를 통해 우리는 얼마나 많은 것들을 누렸는가? 기업의 가치상승은 모두가 돈을 벌게 한다. 모두를 잘살게 하고 국가가 부유해진다.

그동안 투자 활동을 해보니 어떤 투자든지 시스템이라는 게 있다는 것을 발견하게 되었다. 종목을 검토하는 것도, 투자해서 자금을 회수하는 것도 다 스스로 만들어놓은 시스템에 의해서 움직인다. 즉, 패턴이 있다는 것이다. 이 패턴을 내 것으로 나만의 시스템으로 만드는 작업이 필요하다. 그러나 꼭 알아야 할 것이 있다. 돈 버는 시스템은 절대 한순간에 완성되지 않는다는 것. 앞서 수입의 파이프라인 우화에서 이야기했듯, 처음에는 더디고 힘들다. 더디고 힘든 과정을 거친 자만이 노동의 자유에서 벗어날 수 있고, 돈 걱정 없이 살 수 있다. 그러나 보통의 사람들은 그 수고를 잘 하려고 하지 않는다. 부자들이 많지 않은 이유이지 않을까 생각해본다.

나는 자본주의 사회에서 돈 걱정 없이 살 수 있는 파이프라인을 만드는 방법을 지금도 공부하고 연구하고 있다. 아무리 공부해보고 연구해 봐도, 단기간에는 불가능하다. 만약 그것이 가능하다면, 로또이거나 사기이다. 이 작업은 평생의 과업이라고 생각하고 준비해야 한다. 시작한 사람과 시작하지 않은 사람은 지금 당장은 아무런 차이가 없어 보인다. 그래서 더 힘든 작업일 수도 있다. 그러나 얼마간의 시간이 흐른 후 두 사람의 차이는 극명하다. 이 방법을 어린 자녀들에게 적용한다면 수저의 색깔을 바꿔줄 수도 있다.

내가 생각하는 가장 큰 효과는 미래(노후)에 대한 불안과 걱정이 사라진 다는 것이다. 희망이 생겨서 현재에 보다 집중할 수 있다. 삶의 선순환 구조가 만들어지는 것이다.

이 시대의 어려움은 그 누구도 해결해줄 수 없다. 본인 스스로가 해결 해야 한다. 그렇다고 보통의 평범한 월급쟁이가 이런 돈 버는 시스템을 만든다는 건 거의 불가능에 가깝다. 그래서 전문가를 찾아가고 공부라는 대가를 치르라는 것이다. 20대에 주식을 올바르게 알면 자신의 노후는 물론 후에 태어날 자녀의 미래까지도 달라진다. 문제는 이러한 현실을 올바르게 알고 기업의 수익을 내 것으로 만드는 방법을 알고 있느냐는 것이다. 더 이상 주가의 변동을 읽어 차익을 얻는 투자를 멈추기 바란다. 주가의 단기적인 변동은 수많은 요인에 의한 변동이기에 거기서 얻는 차 익을 누적해 돈을 벌겠다는 생각은 애당초 성공 가능성이 별로 없기 때문이다.

평생을 두고 돈 버는 시스템을 만들어보자. 내 수저 색깔은 물론 내 자녀의 수저 색깔까지 바꿔보자.

"살면서 미쳤다는 말을 들어보지 못했다면 너는 단 한 번도 목숨 걸고 도전한 적이 없었던 것이다."

나는 이 책을 읽는 여러분이 목숨 걸고 부자에 대해 공부하고 부자 되는 방법에 대해 공부했으면 좋겠다. 인생에 단 한 번이라도 사람들이 미쳤다고 할 정도로 그렇게 한 번이라도 해봤으면 좋겠다. 다이어트에, 운동에, 술 마시고 노는 일에도 목숨을 거는데 돈 버는 것에 정말 한 번만이라도 목숨 걸어 보라고 말하고 싶다.

꼭 기억하라!
오늘날의 세계 부자들은, 성공한 사람들은 다 미친놈 소리 들었던 사람들이었음을….

월급의 노예에서 벗어나라

내가 이 책을 집필하기 전에 사례를 만들어야겠다고 생각하고, 25년 정도 공직생활을 하고 있는 분께 카톡으로 질문을 했다.

"월급쟁이로 부자가 될 수 있다고 생각하세요?"
"NO!"

0.001초도 생각하지 않고 단호한 대답이 왔다.

"왜 그렇게 생각하세요?"
"젖어서."

무슨 말인가 싶었다.

"뭐가 젖어요?"

"매달 나오니까, 돈이."

"아~, 그렇군요. 월급의 노예가 됐다는 거네요?"

"그렇지요, 돼지 밥 받아먹는 거하고 같죠."

"아~, 그렇군요."

"나도 마찬가지 삶을 살고 있으니 한심할 뿐이죠."

간단한 단답형의 질문과 대답이었지만 많은 생각을 하게 했다. 약간은 극단적인 표현이기는 하지만 때가 되면 주는 밥 받아먹는 돼지로 표현한 게 인상적이었다. 그 밥을 많이 주느냐 적게 주느냐의 차이일 뿐, 월급쟁이들의 생활은 거의 비슷하다. 절대로 그 상황을 벗어나고 싶어 하지 아니한다. 벗어나면 불편함이 있기 때문이다. 80%의 사람들은 불편함을 견디고 싶어 하지 않는다. 그러나 성공자들은, 부자들은 그 불편함을 기꺼이 감수한 사람들임을 절대 잊지 말기를 바란다. 아니 오히려 미래의 성공한 자신을 확신하며 그 불편함을 즐기던 사람들임을.

국민소득 3만 달러의 시대를 살고 있다. 그런데 보통 사람들은 그렇게 느끼지 못한다. 왜냐하면 고소득층에 집중되어 소득이 늘어났기 때문이

따라 하면 돈 버는 주식 투자 비법

다. 2018년도에 우리나라 상위 20%의 가구소득이 1년 동안 9% 가까이 늘어난 반면 하위 20%는 오히려 7% 감소했다고 한다. 노동자들은 더 가난해지고 자본가들은 시간이 지날수록 더 부자가 되어가고 있는 것이다. 자본주의 사회에 살고 있으면서 시간이 갈수록 더 심화되는 양극화 된 모습을 더 가까이 보게 될 것이다. 우리가 살아 있는 동안 이런 화폐시스템과 자본주의 체계가 무너지지 않는 한 이 현상은 지속될 것이다.

여기서 뼈 때리는 질문 하나를 해보겠다.

과연 이러한 현실 속에서 월급쟁이 편에 서는 게 옳은 것인가? 언제까지 월급의 노예로 살 것인가? 스스로 답을 내려보기 바란다. 주변의 모든 사람들이 노동을 통해 월급으로 돈을 벌어야 한다고 말해왔다. 우리 또한 그 말이 옳다고 생각하고 무언의 동의로 같은 행동을 해왔다. 하지만 그 사람들은 평생 힘들게 돈을 버는 80%의 사람들이다. 돈이 돈을 벌어주는 시스템을 이용하는 사람들은 지금 이 순간에도 더욱 부자가 되고 있다. 우리가 월급의 노예가 되어 있는 사이에 상위 20%의 사람들은 어떤 모양으로든 더 부지런히 더 열심히 뭔가를 하고 있었던 것이다. 시간이 없다는 등의 핑계는 통하지 않는다는 걸 꼭 알기 바란다.

또 한 번 질문해보자.

당장 5년 후, 10년 후에도 여러분은 지금의 직장에서 월급 받을 자신이 있는가? 곰곰이 잘 고민해보기 바란다. 설사 그럴 자신이 있더라도 지금의 월급노예에서 벗어나야 한다. 이유는 지금까지 충분히 설명했다고 생각한다. 그럴 자신이 없다면 더더욱 지금의 월급노예에서 벗어나 내 자산이 일하게 해야 한다. 부자 되는 길은 분명히 있다.

사람들은 자기 가치를 높여 월급을 높이려고 한다. 하지만 그것만으로는 한계가 있다. 항상 1, 2등 하는 사람이 있고, 그 사이에 끼어 경쟁하기란 쉽지 않기 때문이다. 모두가 1등인 세상은 없기 때문이기도 하다. 예전에는 어려움을 참고 견디면 좀 더 나은 미래가 있다고 생각했다. 그러나 지금은 참고 견디면 더욱더 참고 견디기 어려운 시대가 되고 말았다. 사람들은 돈을 잘 버는 기업에 취직하기를 간절히 희망한다. 또한 좋은 기업에 고용되어 월급 받는 것을 선호한다. 그러나 아이러니하게도 돈 잘 버는 좋은 기업의 주인이 되는 것은 싫어한다. 취직을 할 때는 좋은 기업이라고 하면서 막상 그 기업에 투자하라고 하면 갑자기 나쁜 기업이 된다.

나는 월급쟁이가 나쁘다는 이야기를 하고 싶은 게 아니다. 월급쟁이를 그만두라는 이야기는 더더욱 아니다. 매월 나오는 고정수입이 얼마나 큰지 앞서 이야기했다. 지금 현재의 월급이 300만 원이라면 지금의 이자율 약 1.5%(세전)로 계산해보면 약 30억이 있어야지 이자수익으로 나오는 돈이다. 사실 어마어마한 돈이다. 고정적으로 나오는 이 돈을 잘 활용해서 부의 추월차선으로 가는 가장 강력한 도구로 만들자는 것이다. 월급이라는 도구는 '분할 매수'의 도구로 강력한 힘이 있다. 대부분의 투자자들은 위험을 분산하기 위해 종목과 자금을 분할한다. 그런 측면으로 보면 월급만큼 계획 하에 투자하기 딱 좋은 것은 없다. 꼭 주식 투자가 아니라도 생산성 있는 지출에 지속적으로 투자하기도 좋다.

지인의 동생 이야기다.

어느 날 결혼한다고 연락이 왔다. 오랜만에 지인도 만날 겸 해서 결혼식에 참석하게 되었다. 지인의 동생이니 오래전부터 알고 있었던 동생이다. 남편 되는 사람은 검사라고 한다. 결혼식장에 갔더니, 시집 잘 간다고 다들 부러워하는 소리들이 들려왔다. 그도 그럴 것이 이 동생이 대단한 스펙이 있는 것이 아님을 나도 잘 알기에 그런 이야기가 나오는 것은 당연하다고 생각했다. 나도 궁금했다. 그 지인 집안도 그리 대단한 집안은 아니었기에 더더욱 궁금했다. 식이 끝나고 같이 점심을 먹으며 물어봤다. 어떻게 그렇게 시집을 잘 가게 되었는지. 그 지인의 이야기를 정리해보면 이런 내용이다.

"중소기업에 다니는 동생의 꿈과 목표는 취집이라고 했다. 그래서 월급 받으면 아끼고 모으는 게 아니라 자기계발 하는 데 거의 다 썼다고 한다. 영어회화, 동호회 활동, 골프, 책, 요가, 수영, 주식, 해외주식, 펀드

등등 꼭 필요한 생활비 외에는 거의 모든 돈을 자신의 삶을 업그레이드시키는 데 사용한 것이다. 집에서도 돈 안 모으고 쓸데없는 데 돈 쓰고 다닌다고 난리도 아니었다고 한다. 친구들도 앞에서는 아닌 척했지만 뒤에서는 돈이나 모아서 시집갈 생각은 안 하고 정신 나간 거 아니냐고 했다고 한다. 그러나 이 동생은 아랑곳하지 않고 그렇게 자기 개발하는 데 많은 시간과 돈을 썼다. 그렇게 몇 년이 흘렀다. 시간이 지나고 자기개발하는데 썼던 돈들이 빛을 발하기 시작했다고 한다. 영어는 프리토킹이 가능해졌고, 골프도 거의 프로 수준이 되고, 책을 통해 지식은 더욱더 깊어지고 요가나 수영은 거의 지도자도 할 정도의 실력을 갖추게 된 것이다. 거기다 금융, 경제 공부까지 더해져 투자에 대한 의견도 당당하게 말할 수 있는 사람이 되었다. 이런 동생을 동호회 회원이셨던 분이 유심히 보게 되었고, 이분 소개로 현재의 검사 남편을 만나게 되었다는 것이다. 그러면서 지인의 말씀이 세상 참 알다가도 모를 일이라며, 자기 동생이 검사한테 시집갈 줄은 꿈에도 몰랐다며, 동생이 모으지도 않고 돈을 쓸 때는 뭐라고만 했는데, 이렇게 많은 성장을 할 줄은 몰랐다고 했다."

위의 내용을 보며 깨달아지는 게 있는가? 나는 이 이야기를 통해 하고 싶은 이야기가 있다. 지출이 다 똑같은 지출이 아니라는 것이다. 생산성 있는 지출은 얼마든지 하라고 이야기하고 싶다. 무조건 허리띠 졸라매지 말고 이렇게 나의 삶을 업그레이드시키는 일에는 당연히 돈을 써야 한

따라 하면 돈 버는 주식 투자 비법

다. 위의 지인의 동생처럼 시집을 잘 가기 위해서가 아니라 나의 발전을 위해서는 그리고 나의 미래를 위해서는 꼭 쓰라는 이야기다.

요즘 젊은 친구들을 보고 있으면 소비성 지출에 너무 많은 돈을 쓰고 있는 것을 본다. 자동차를 1년마다 바꾸는 경우도 봤다. 많든 적든 매월 나오는 고정수입에 이미 길들여져 있다. 그리고 적게는 몇 달 치의 월급을, 많게는 몇 년 치의 월급을 미리 당겨서 쓰고 있다. 몇 년 치 월급이 이미 저당 잡혀 있는 것이다. 그러고 돈 없다고 쓸 돈도 없고, 모아둔 돈도 없어서 회사를 그만둘 수 없다는 이야기를 한다. 이미 월급의 노예가 되어 있는 것이다.

위에 언급했듯 월급은 너무도 소중한 것이다. 우리가 무언가를 할 수 있는 원동력이 되기 때문이다. 그러나 월급의 노예가 되어서는 안 된다. 월급의 노예가 된다는 건 자유를 얻기 위해 자유를 저당 잡히는 상황이다.

1년 연봉을 1달러 받고 14년간 애플을 이끈 스티브 잡스가 애플 주가 상승으로 12조 원이 넘는 재산을 남겼다는 사실을 결코 잊지 말아야 할 것이다.

Chapter 5 부의 대물림! 지분 투자로 하라!

부자처럼 살지 말고 진짜 부자가 되라

"인간에게 최악의 질병은 바로 망설임이다."

"대다수의 실패자들은 스스로가 마음속에 심어놓은 한계 때문에 실패합니다."

우리는 종종 너무 빠른 체념으로 성공을 눈앞에 두고도 내 것으로 만들지 못하기도 한다. 황금이 있는 곳까지 겨우 1미터, 당신이라면 이 위대한 성공을 눈앞에 두고 포기하겠는가?

– 나폴레온 힐

나는 여러분이 부자처럼 보이는 것이 아니라 진짜 부자가 되었으면 좋겠다. 부자처럼 보이기 위해서 좋은 차를 사고 소확행(소소하지만 확실한 행복)이라는 허울 좋은 명분으로 구경도 못 해보고 돈을 소비하지 않기를 바란다.

아니 어쩌면 월급만으로는 절대 부자 될 수 없음을 알기에 미리 포기하고 있는 대로 다 써버리는 건 아닌지 반성해봐야 한다.

우리는 초저 시대를 살고 있다.

1. 초고령화 시대를 살고 있다.

58년부터 70년까지를 베이비부머 세대라고 한다. 1년에 약 100만 명씩 태어났던 세대이다. 이 세대들이 2년 후면 65세가 되면서 국민연금의 수령자가 된다. 그 동안은 납부자였지만 이제는 수령자가 된다. 또 하나, 이 세대들은 100세 시대를 살아갈 세대인 것이다. 이 세대 분들은 30세에서 65세까지 35년 동안 대한민국의 급속한 성장과 팽창의 세대를 몸소 겪어온 세대다. 이분들의 길어진 앞으로의 노후를 어떻게 할 것인가?

사람들이 착각하는 게 있다. 국민연금이나 공무원연금이 연금을 많이 줘서 고갈된다고 생각한다. 아니다. 갈수록 수명이 늘어나 수령 대상이 많아지면, 납부자보다 수령자가 점점 더 늘어나기 때문이다. 결국은 우리의 노후도 국가가 책임져주지 못한다. 각자가 자신의 노후를 책임져야 할 시대가 왔다.

2. 초저출산 시대를 살고 있다.

1년에 약 100만 명씩 태어나던 시대에서 1년에 약 30만 명 정도 태어나는 시대를 살고 있다. 70%가 줄었다. 출산율 저하는 생산과 소비의 주체가 줄었다는 뜻이다. 즉, 생산을 할 수 있는 인구도 줄었지만 소비를 하는 인구도 줄었다는 이야기다. 이 말은 그만큼 먹고살 게 없어진다는 뜻이다.

3. 초저성장 시대를 살고 있다.

60~70년대에 대한민국은 전 세계에서 가장 빠른 속도로 성장해왔다. 사람도 어느 정도 성장을 하면 멈추듯 나라의 성장도 거의 침체기에 접어든다. 우리가 지금 그 시대를 살고 있는 것이다. 올해는 특히나 코로나19의 영향으로 마이너스 성장을 예상한다고 전문가들은 이야기한다.

4. 초저금리 시대를 살고 있다.

보통의 사람들은 이제는 예전처럼 은행예금만으로는 살아가기가 힘든 세상이 되었다. 은퇴하기 전처럼 월수입을 만들어 내려면 최소한 20억은 있어야 은행으로부터 200만 원 정도 받는 시대가 된 것이다.

5. 초고과세 시대를 살고 있다.

초시대가 도래하여 위 4가지의 문제점을 해결하려면 결국은 세금으로 해결할 수밖에 없다. 악순환의 연속이다.

이러한 초시대에 우리는 무엇을 준비해야 하는가? 그냥 지금까지 문제 없이 살아왔으니, 앞으로도 나에게만큼은 아무 문제가 없을 것이라고 방만하게 있을 것인가? 그동안은 그렇게 살았어도 크게 문제없이 살았다. 그러나 이제는 아니다. 철저하게 준비하지 않으면 우리의 미래가 결코 밝지 않음을 잘 깨달았으면 한다.

사무실 앞에 많은 어르신들이 박스를 한가득 실은 리어카를 끄는 것을 종종 본다. 알고 보니 사무실에서 약 300미터 떨어진 곳에 고물상이 있었다. 나는 그 어르신들을 보며 항상 느끼는 게 있다. 그분들이 과거 젊었을 때 게으르고 일을 하지 않아서 저렇게 되었을까? 물론 그런 어르신들도 있을 것이다. 그러나 대부분의 어르신들은 대한민국의 여느 어르신들 못지않게 부지런하고 근면 성실하게 살아왔다고 생각한다. 다른 게 하나 있다면 본인들의 삶이 그렇게 될 것이라고 상상도 못 했을 것이라는 것. 자녀가 되었든, 국가가 되었든 누군가가 당신들의 노후를 책임져 줄 것이라고 막연하게나마 믿었을 것이다. 그러나 현실이 그러하지 못하니 그렇게 박스를 주워서라도 생명을 연장하고 계시는 게 아니겠는가?

나는 금융시장을 만나면서 버킷리스트이자 사명이 하나 생겼다. 나처럼 올바르게 살면서 조금이라도 잘살아보려 하는 사람들에게 선한 영향력을 끼치고 싶다는 바람이 그것이다. 나를 만나고 소통하며 나를 믿고 따라와주는 사람들과 내가 아는 부자 되는 비밀을 공유하려고 한다.

 책을 쓰려고 했던 첫 번째 이유도 먼저는 책을 통해 내 사업을 확장하고 싶기 때문이었다. 그다음 이유는 나와 같은 선한 사람들끼리 네트워크를 형성해 부를 나누고 싶기 때문이다. 부자처럼이 아니라 진짜 부자가 같이 되기를 바란다. 그들은 나처럼 시행착오를 겪지 않았으면 한다. 그렇게 같이 부를 향해 한 걸음씩 나아가고 싶다. 요즘은 내가 생각만 하면 내 앞에 내가 생각한 모든 것이 쫙~~ 펼쳐진다. 그 기분은 이루 말할 수 없이 좋다. 경험해보지 않은 사람은 알 수 없는 기분이다. 말로 표현할 수 없는 기분이다.

 나는 상상한다. 그들과 같이 미래를, 부를, 꿈을 이야기하는 모습을. 나는 보통 사람이라면 상상할 수 없는 우리만의 리그를 만들려고 한다. 나는 무조건 그렇게 될 것이라고 믿는다. 나를 통해서 부자가 된 사람들의 삶을 상상하면 나는 너무 행복하다. 왜냐하면 나는 그들보다 더 큰 부자가 되어 있을 것이기 때문이다.

 "더욱더 큰 부자가 되고 싶은가? 그렇다면 최선을 다해 다른 사람들을 부자로 만들어주라. 그러면 당신은 더 큰 부자가 되어 있을 것이다."

따라 하면 돈 버는 주식 투자 비법

아무리 좋은 말을 들어도 그것을 행동으로 옮기지 않는다면 아무것도 이룰 수 없다. 이 책을 읽고 뭔가를 해봐야겠다고 생각했다면 바로 행동으로 옮겨라.

모든 사람이 꿈을 꾸며 산다. 그 꿈을 생각만 하는 사람은 그냥 꿈일 뿐이다. 그러나 행동으로 옮긴 사람은 그 꿈을 이루어 현실로 만든다. 아무것도 하지 않으면 아무 일도 일어나지 않는다. 아무것도 없이 시작된 인생이었고, 너무도 가난하게 시작한 결혼생활이었다. 그러나 나는 꿈을 꾸었고 그 꿈을 향해 도전했다. 절대 주저하지 않았다. 넘어지면 다시 일어서고 넘어지면 다시 일어서는 오뚝이가 되었다. 그렇게 나는 꿈을 만드는 드림 메이커가 되었다. 이제는 누군가의 꿈을 터치해주는 드림 코치가 되고 싶다. 나도 했으니 여러분은 더 잘할 수 있다.

지금은 내가 가야 할 길의 중심에 서 있다. 먼 훗날 이 길의 끝에서 나는 성공했노라 자신 있게 말할 수 있기를 간절히 바란다. 특히, 네 명의 아이들에게 보여주고 싶다. 아무것도 없는 맨땅에서 어떻게 해서 부를 이뤘는지를 꼭 보여주고 싶다. 죽을힘을 다해 그 무언가를 했을 때 하늘이 돕고 땅이 도와서 성공이라는 자리에 서 있는 엄마를 보여주고 싶다. 최선을 다해 사는 삶이 어떤 것인지를 몸소 실천해 보여주고 싶다. 비록 학교 갔다 오면 맞아주지 못했고 간식을 해주는 그런 살가운 엄마는 아니었지만 성공하는 모습으로 성공의 유전자를 심어주고 싶다. 나는 나의 아이들에게 자랑스러운 엄마가 되고 싶다. 내 살아생전의 아이들을 향한 나의 마지막 미션이고 최고의 목표이자 꿈이다.

많은 사람들이 성공을 원한다. 그러나 모두가 성공하는 것은 아니다.

많은 사람들은 시작하기를 두려워한다. 항상 너무 늦었다고 생각하기 때문이다. 그러나 우리 인생에서 늦은 때는 없다. 투자에서도 늦은 때는 없다. 지금이 가장 빠른 때이다.

지금 당장 부자가 되겠노라 다짐하라! 그리고 지금 당장 실천하라!

따라 하면 돈 버는 주식 투자 비법

Chapter 5 부의 대물림! 지분 투자로 하라!

여러분은 나보다 10배는 더 잘할 수 있고,
10배는 더 큰 부자가 될 수 있다

　너무나 돈이 없던 시절, 나는 돈을 벌고 싶었다. 아니, 부자가 되고 싶었다. 나는 투잡, 쓰리잡을 하며 남들보다 두 배, 세 배 더 열심히 부지런하게 살았다. 힘쓰는 일 외에는 다 해보면서 세상의 쓴맛을 다 맛보았다. 그러나 회사에 다닐 때 회사가 내 편이 아니었듯, 내가 살고 있는 세상은 내 편이 아니었다.

　노동소득으로는 절대 부자가 될 수 없음을 깨달은 날의 새벽, 무럭무럭 커가는 아이들을 보며 두려움에 휩싸여 잠을 이룰 수 없었다.

'지금까지 이렇게 치열하게 살아왔는데도 가난하게만 살아온 내 40여 년의 삶이 너무 고통스럽다. 앞으로의 남은 삶 또한 지금처럼 가난하게 살아야 한다면 이게 진정 옳은 삶일까? 과연 잘 살아온 삶일까? 만약 우리 아이들도 나처럼 살아야 한다면? 아니, 내가 이것밖에 보여줄 수 없다면 당연히 내 아이들도 지금의 나처럼 살 수밖에 없을지도 몰라…'

엄청난 두려움이 밀려왔다. 내가 알고 있는 진짜 부자들은 다 자기만의 사업을 하고 있었다. 이 사실을 새삼 깨달았을 때, 나는 다시 절망할 수밖에 없었다. 나에게는 사업할 수 있는 자금도 아이템도 없었기 때문이다. 그렇게 잠을 이루지 못하는 숱한 날들을 보내면서 나는 '무엇을 어떻게 해야 부자가 될까?' 하는 고민을 멈추지 않았다.

뜻이 있는 곳에 길이 있고 하늘은 스스로 돕는 자를 돕는다고 했던가? 뜻하지 않게 운명처럼 투자 시장을 만나게 되었다. 투자할 돈이 없었지만 무작정 달려들었다. 일을 하면서 자금을 조금씩 만들어나갔다. 투자 시장을 알고 스스로 개척해가면서 깨달았다.

"이것이 나를 부자로 이끌어줄 블루오션이다! 부의 사다리다!"

지금도 나는 투자에 관심이 있는 사람들을 만나면 꼭 이렇게 말하곤 한다.

"많은 돈이 있어야만 투자할 수 있다면, 단돈 100만 원도 없었던 나는 이 투자 시장 근처에도 못 왔을 겁니다."

자금이 많은 것도 아니라 무일푼으로 들어왔고, 남들처럼 전공한 것도 아니고 특별한 스펙이 있었던 것도 아니었기에, 나는 온몸으로 부딪히며 영혼과 내 뼈를 갈아 넣어 지금의 이 자리에 와 있다. 수백 억, 수천 억 자산가가 볼 때는 지금의 내 자리가 우스울지도 모른다. 하지만 나는 맨손으로 지금의 나를 만든 나 자신이 무척 자랑스럽다. 투자 시장에 있으면서 많은 사람들을 만나고 상담했지만 과거의 나보다 더 열악한 조건에서 시작하는 사람을 못 봤다. 지금 생각하면 그만큼 최악의 상황에서도 이 시장에서 살아남아 많은 성장을 했다.

자식과 남편이라는 재산밖에 없던 내가 여기까지 왔다면, 이 책을 마주한 여러분은 나보다 10배는 더 잘할 수 있고, 10배는 더 큰 부자가 될 수 있다.

아직도 가야 할 길이 멀고 험난하다. 그리고 이 길이 끝나는 곳에 또 다른 길이 나를 기다리고 있을 것이다. 내가 가는 길에 나와 같이 부자를 꿈꾸는 많은 분들의 손을 잡고 가야겠다는 마음이다.

혹시 전문가들이 보시기에 책에 언급된 경제용어나 이론, 숫자 등이 부족함이 있을 수 있으나 경제학자가 아닌 투자자로서 이해하고 기술한 내용이니 널리 이해해주시기를 바란다. 부족하나마 이 책이 많은 사람들

에게 경제적 자유를 향해 나아가는 데 기회가 된다면 최고의 보람일 것
이다.

"잠자는 동안에도 돈이 들어오는 방법을 찾아내지 못한다면 당신은 죽
을 때까지 일을 해야만 할 것이다."

– 워런 버핏

– 선우